U0035422

落地生根

越南南部華人禮俗文化的保存與變遷

Cultural Transformation and Preservation of the Ethnic Chinese in Southern Vietnam

Lạc Địa Sinh Căn

越南 阮玉詩（Nguyễn Ngọc Thơ）等著

國家圖書館出版品預行編目資料

落地生根：越南南部華人禮俗文化的保存與變遷 = Cultural transformation and preservation of ethnic Chinese in Southern Vietnam/阮玉詩(Nguyễn Ngọc Thơ), 高清新, 黃黃波, 楊黃祿, 魏瑾媛, 陳氏碧水, 阮俊義, 黎氏玉蝶, 劉俊英著.
-- 初版. -- 臺南市：亞細亞國際傳播社, 2022.11　面；　公分
譯自：Lạc Địa Sinh Căn　　ISBN 978-626-95728-3-0(平裝)

1.CST: 華僑 2.CST: 移民文化 3.CST: 禮俗 4.CST: 越南
577.2383　111016015

落地生根：越南南部華人禮俗文化的保存與變遷

Cultural Transformation and Preservation of the Ethnic Chinese in Southern Vietnam

Lạc Địa Sinh Căn

作者／阮玉詩、高清新、黃黃波、楊黃祿、魏瑾媛、陳氏碧水、黎氏玉蝶、阮俊義、劉俊英

策劃／國立成功大學越南研究中心、台越文化協會、台灣羅馬字協會

審訂／蔣為文

主編／蔣為文

編輯／鄭智程

校對／羅惠宜、陳理揚、鄭智程

出版／亞細亞國際傳播社

網址／http://www.atsiu.com

TEL／06-2349881

公元 2022 年 11 月 1 日 初版

ISBN：978-626-95728-3-0 (平裝)

Printed in Taiwan　NT 460　

目錄

序言

越南華人文化本土化的啟示

蔣為文／國立成功大學越南研究中心主任

越南是一個多語言、多民族的國家，官方正式認定公布的民族共有 54 族，其中「京族」（越族）為主體民族約佔近九成越南人口。目前越南全國約有一億人口，其中源自中國的華族被認定是越南的少數民族之一，僅占全越南約 1%的人口。

雖然中國人很早就有遷徙到越南的紀錄，然而因年代久遠或因人數有限，這些早期移民早已融入越南社會文化之中而難以辨識。目前，尚可藉由文獻或文化表徵來辨認的華裔後代幾乎都是從大明帝國時期以來陸續遷徙到越南的移民。這些中國移民在不同時期陸續遷徙到越南，也產生不同程度的越南化（本土化／在地化）。已經歷越南化的族群通稱為「明鄉人」，尚未完全越南化的族群在當代稱為華人並被越南政府歸類為華族。儘管華人被越南政府視為國內少數民族，但普通話則被視為外國語言。

華族其實是複數族群的綜合體，主要包含來自中國，講廣東話、福建話、潮州話、海南話、客家話等五大語言族群。雖然這五種語言被中國政府視為「方言」，但他們其實互相無法溝通，在語言學上可視為五種獨立的語言。在越南，這五大族群常以「幫」（邦）自稱為廣東幫、福建幫、潮州幫、海南幫及客家幫。這五幫大約 20 世紀初之後陸續移居到越南，其越化的程度及保留族群母語及文化的程度也不同。其族群認同與國家認同亦隨不同情境而有所變動。總體而言，相較於「明鄉人」的越南化，這些較晚才遷徙到越南的華裔族群在某些程度上還保有族群母語能力及祖國中國的原鄉認同。也因強烈的原鄉認同而與當地社會產生衝突，造成越南舊政權曾於 1950 至 1970 年代採取明顯的排華政策。歷經超過半世紀越南政府的本土化政策，越南華人逐漸朝越南化的方向移動。本書主要作者阮玉詩主任透過多年的田調成果從文化學／文化人類學的視野探討越南華人的民間信仰的越南化歷程及其特色。其研究成果不僅讓台灣讀者了解到越南華人本土化的必然性及特性，也可以作為台灣制訂華人政策的重要參考。

我和阮玉詩老師相識已有二十年。我於二十年前擔任樂安醫院贊助的樂安台灣研究獎助金的執行長。該獎助金專門贊助越南年輕學者撰寫與台灣有關的碩、博士論文。阮玉詩當年為第一屆碩士論文的得獎者，其優秀的學術表現令人讚賞。經過二十年的學術磨練，阮玉詩如今已成為越南胡志明市國家大學附屬社會人文大學文化學系的系主任，同時也是越南重要的華人文化研究專家。我相信他這本專書已對海外華人文化研究做出相當大的貢獻與啟發，在此推薦給中文讀者細細品味。

作者序

越南有五十三個少數民族，其中包括華人。在越南文化中，特別是在南部地區，華人對經濟、社會和文化等方面做出了巨大貢獻。與本國的許多其他地區相比，南方，尤其是湄公河三角洲，擁有多元開放的文化背景，是由越南、高棉、華人和伊斯蘭教占族四民族共同建造的文化區。經過三個多世紀的融合，華人文化並沒有融入當地的越南人文化，而是與越南人文化和高棉人文化並駕齊驅，發展成為一種獨特的民族文化。那麼是什麼幫助越南華人保持和發展他們的民族文化特色呢？在城市化、移民、科技衝擊和國際融合等諸多社會變革的當代背景下，越南華人的民族觀念和民族認同是否會一如往常？在促進跨民族文化交流的同時，越南南部華人社區採取了哪些策略來維護和弘揚民族文化？如何處理民族文化特色的建造與保護和社會大融合這兩個相反的因素？

在越南華人經歷了漫長的遷徙、定居和發展的過程，社會變遷給他們帶來不少壓力，不過他們很靈活地用智慧來建造和栽培生活環境，許多有才華的華人在阮主和阮朝的正式認可和就業中獲得了經驗（Chen Ching Ho 2008；蔣為文 2013；Lee Khoon Choy 2013；Charles Wheeler 2015）。不幸的是，由於法國的殖民政策，這一立場在阮朝後半期逐漸發生變化。法國殖民政府對華人、明香人的分而治政策是他們逐漸被「推」離了越南人社區（Đào Trinh Nhất 1924）。尤其是 1885 年天津和 1930 年南京的印度支那殖民政府與清朝條約，將越南的華人直接置於中華民國的保護之下，儘管他們在阮朝的政策下更深層次上是「本土化」的（張文和 1956；Fujiwara Riichiro 1974；孫洪年 2014；向大有 2016）。

1955 年，達到越、中兩國政府的協議之後，越南民主共和國政府（越南北部）實施了將當地華人視為越南公民的政策。同時，西貢吳廷琰政府根據 1955 年 12 月 7 日第 10 號令和 1956 年 9 月 6 日第 53 號令，對華人實行強制同化政策。其政策受到當地華人的反應和反對，但它直接影響了華人的經濟實力（見 Tran Khanh 1997）。1975 年國家統一後，越南與中國的國際關係極為複雜，迫使越南華人被夾在兩方之間，甚至一度被認為是「第五縱隊」的。這引起近五十萬華人在 1977-1980 年間離開越南（閱覽 Ramses 1991，頁 160；Châu Hải 1992；Yuk Wah Chan 2013）。許多人開始懷疑他們對越南的愛心和忠誠。當越南於 1986 年實施改革開放政策並於 1991 年實現越中關係正常化後，這些創傷性事件逐漸減少。現在已經為華人參與越南重建提供了便利，已成為吸引外資、發展國際貿易的重要橋樑（Tran Khanh 1997；Huỳnh Ngọc Đáng 2011）。經濟的繁榮標誌著文化深度融合的一步；它逐漸影響到風俗禮儀，使社會禮俗制度也發生了變化。本研究調查、分析和評估華人在教育、語言、信仰－宗教和節日等方面的社會禮儀制度的變化，以識別和評估當前時期越南華人社區的文化融合過程。

越南華人研究在越南和國際學術界並不是一個新問題。在越南，許多研究人員比如 Trần Khánh Hòa（Chen Ching Ho）、Đào Hùng、Châu Thị Hải、Trần Khánh、Phan An、Huỳnh Ngọc Đáng 等等在他們的著作中闡明瞭對越南華人移民、定居和發展各個階段的歷史問題的研究。社會文化方面也有 Vương Hồng Sển、Diệp Đình Hoa、Sơn Nam、Mạc Đường、Phan Thị Yến Tuyết、Trần Hồng Liên、Lâm Tâm、Trần Phỏng Diều、Nguyễn Đức Hiệp、Võ Thanh Bằng、Nguyễn Công Hoan、Nguyễn Thị Nguyệt、Nguyễn Ngọc Thơ、Phan Thị Hoa Lý 等作者的重要貢獻。然而，這些研究者的作品要麼側重於歷代移民、定居和融合的歷史過程，要麼側重於華人在越南的經濟和文化貢獻，但一直沒有

透過禮俗生活來研究湄公河三角洲的華人文化。國際作者非常多樣化，可分為三組。第一個是研究越南華人社區的移民、貿易、定居和發展歷史的小組，通過地區、貿易港口、城市地區、比如 Fujiwara Riichiro（芹澤知廣）、李塔娜、向大有、蔡志祥、蘇子、周勝皋、李慶新、蔣為文、Nola Cooke、Yuk Wah Chan、Claudine Ang、Charles Wheeler、Danny Tze Ken Wong、Lee Khoon Choy、Chee Kiong Tong 等人。第二個是研究戰中和戰後時期越南華人問題的小組，特別關注歷史、政治和外交問題，其中不少人討論了華人在越中關係中的夾心地位和戰後移民問題（1970-1980 年代）。他們包括 Robert S. Elegant、Thomas S. An、Benoit, Charles、Chang Pao-min、Ramses Amer、Tracy C Barrett、Melissa Cheung、Thomas Engelbert 等人。第三組主要研究越南華人歷史文人及其他們的著作和社會貢獻，比如鄭永常、陳益源、許怡齡、劉玉君、李貴民、陳正衡、牛俊凱、周旭強、嚴艷、夏露等人。

我們的研究主要集中在湄公河三角洲地區的華人禮儀，假設經過三個世紀多次歷史變遷的華人社區已經學會最大限度地提煉和保留傳統禮儀和習俗，他們認為這是一種精神支柱，可以幫助他們以積極的方式積極融入越南社會，一方面幫助他們在精神和禮俗生活的許多方面保持和發展自己的民族認同，另一方面可以靈活打開一些禮俗的內容和環節，以促進民族文化交流。有了這個選擇，湄公河三角洲的華人繼續堅持在神權支配下組織他們的生活方式和社會行為的實踐知識的傳統，認為這是對個人和社區責任進行調節的有效方法。在華人禮俗活動的結構中，家庭環境中的禮儀和習俗是個人道德和生活方式教育的據點，而社區環境中的相同活動則促進了民族意識、民族認同培養和跨民族文化交流。

本書收錄了十篇關於湄公河三角洲華人禮俗文化的獨立研究論

文。從道德教育、宗教信仰、廟會、節日等方面展開，筆者力圖勾勒出華人社區在當地的古今文化生活途徑與智慧。由於本書各章是越南華人文化同一主題的獨立文章，在不同的文章中難免會多次提到一些理論觀點或一些宗教習俗和節日。James L. Watson（1985）的「標準化」（orthopraxy）觀點，Prasenjit Duara（1988）的「疊加神靈」觀點，Donald Sutton（2007）以及其他學者的「正統化」與「偽正統化」觀點，Adam Seligman 與 Robert Weller（2012）的透過儀式創造共用經驗來跨越界限的觀點等在各篇文章中經常使用。第一篇論文，《越南湄公河三角洲地區華人家庭與社區的教育》，討論了華人家庭和社區中道德禮儀教育的現狀及其對該社區社會文化等方面上的效應。第二篇論文，《天后信仰在越南南部的傳播及特點》，描述了作為華人神靈和文化代表的天后信仰如何傳播到湄公河三角洲及其對當地社區精神文化的影響。第三篇論文，《「天后上天與回家」：越南金甌華人天后信仰的變遷與在地化》，作者通過一個具體的廟會，探討了當前華人社區如何將傳統文化作為社會資源，如何利用社區的智慧來適應當地背景和促進民族間的交流。第四篇論文，《越南金甌督河鎮漁民社群的天后信仰》，論述了湄公河三角一個漁港的天后信仰，其中作者指出了不同種族和背景的人是如何被信仰束縛的，並指出該信仰的海洋性在某些情況下會重新發揮作用。第五篇論文，《正邪之辯：越南客家人天后信仰中的「內祖外聖」結構》，論述了在華人各方言共同體和社會整體融合的壓力下，越南客家人調整了原有的傳統祖師崇拜，疊加了天后、關帝信仰，用文化正統的觀念強調了社區間的關係和相同點。第六篇《關帝在越南》，研究關帝信仰如何傳播到越南，如何在越南文化中接受歷史文化的滲透，成為越華文化交流的象徵。第七篇《越南海南華人的昭應英烈崇拜》，聚焦 1851 年發生在越南的事件和昭應英烈崇拜的形成，成為越南和東南亞海南華人社區的身份象徵，同時強調其崇拜反映了海南華人在越南社會中的堅持和奮鬥精神。第八篇《越、華文化之交叉與融合：越南南部地區傳統中的土地神信仰》透過越南土地神崇拜與華人財神的結合，探討在當前越南社會中華、越文化交流的方向和特點。第九篇《越南南部華人文化傳播與變遷：明月居士林》探討廣東潮州人民間信仰機構明月山社帶入越南，在越南社會文化的影響下成為當今的佛教教派：明月居士林。最後，第十篇《越南金門人與他們的社會》研究胡志明市金門華人社區在當地福建社區的掩護下和在跨國關係的背景下尋找自己的一個位置來塑造該社群的身份和文化認同。

衷心感謝越南胡志明市國家大學附屬社會科學與人文大學、哈佛燕京學社、哈佛大學亞洲中心和波士頓大學為作者完成這些研究創造良好條件。衷心感謝各機構、部門、當地華人協會、華文學校、寺廟董事會、以及受訪者熱情配合、提供訊息、就研究問題發表意見。作者還要感謝參與在線調查與該主題相關的問題的參與者以及為研究提供重要訊息的同事。同時，作者也衷心感謝台灣國立成功大學越南研究中心和蔣為文教授對本書的編輯出版。由於知識和研究範圍的限制，本書難免存在不足或者錯誤，望廣大讀者提出意見，以便作者日後有機會補充和修正。

此致。

胡志明市 2021 年 6 月 2 日

阮玉詩（胡志明市國家大學附屬社會科學與人文大學）

電子信箱：ngoctho@hcmussh. edu. vn

第一章
越南湄公河三角洲地區華人家庭社區的教育

阮玉詩、高清新[1]、黃黃波[2]

[1]胡志明市國家大學附屬社會科學與人文大學社會學系講師。
電子信箱：caothanhtam888@hcmussh.edu.vn
[2]越南文化學獨立研究員。電子信箱：huynhhoangba388@gmail.com

摘要

越南華人家庭的道德和生活方式教育以及該社區的民族文化教育是該社區的社會禮俗生活的兩個重要方面，特別是在越南持續發展和融入全球經濟的背景下。從儒家哲學和倫理學出發，越南湄公河三角洲的華人仍在維持和發展家庭倫理教育，同時適應形式和方法的變化。社區級的活動（華人文化教育，廟會，節日等）以自我文化修養和民族文化教育為任務，可以從根本上提高效率並為該社區的文化觀做出貢獻。可以說，華人在家庭的教育一方面是一種封閉式的「堡壘」，並在社區一級的教育活動則是開放式的場所。這種封閉和開放的結構同時實現了民族文化教育和促進跨種族文化交流的兩項重大任務。兩個方面正處於「淨化」和「改善」的過程中，以適應當前越南社會生活的深刻變化。在語言，物質和經濟生活以及社會生活的許多方面，該地區的許多華人群體幾乎與越南人融為一體但他們仍然能夠在一定程度上描繪出自己的民族文化認同和種族身份。家庭道德教育和社區文化教育繼續保持並重塑社區中重要的民族文化特色。

關鍵詞：湄公河、華人、家庭、教育、族群認同

1. 前言

家庭和社區的道德教育是越南華人傳統禮俗活動的特定方面之一。具有移民血統的少數民族的社會特徵，華人把家庭培養成每個人的「文化堡壘」，為每個人帶來了歸屬感和養育感，華人家庭是一個在相對封閉和相對嚴格的空間中撫養，保護和教育家庭成員的地方。道德，態度和行為的教育和修養是在家庭兒童時期獲得的，成年後進入社會的華人有機會獲得兩種新的教育環境，即學校教育和族裔社區教育。如果學校教育提供深入、廣泛和通用的知識和技能來幫助個人

融入社會並促進職業發展，那麼在族裔環境中進行的教育將有助於塑造人們的文化認同與民族身份。與越南人社區相比，華人家庭和社區的教育據稱更加嚴格和嚴謹，這合理地反映了一個普遍的原則，即移民社區和少數民族傾向於在教育家庭和社區價值觀念方面加強聯繫。當被問及"以下哪個單位在教育學生的禮貌和美德方面發揮最高的作用：家庭，學校，國家團體[共青團、學生會、青年會等]，非政府組織與其他機構，100 個隨機人群的線上調查指出家庭教育為最重要的，其二為學校，其三為國家團體，其四是非政府組織。對於越南華人而言，教育環境主要包括下圖所示的元素：

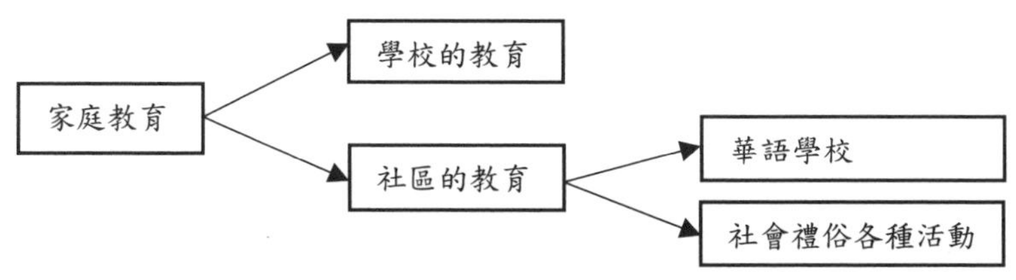

圖 1：當前越南華人家庭與社區教育的關係

那麼，湄公河三角洲華人社區採取了哪些方法來展開個人禮節，道德，行為和進一步的民族文化教育活動？在家庭教育和社區教育之間，是否存在由社區領導者創建和促進的任務分層的「結構」？本文主要採用線上問卷調查、深度訪談和書面檔分析相結合的方法，來描述和分析當前湄公河三角洲華人社區的禮節和道德教育特徵。作者初步研究表明，這個社區在家庭和社區教育中建立了二元論。因此，家庭教育是主要支柱，是建立個人文化品格的向心力量，而社區教育（與正規學校教育同時）則是確定族裔取向的主要場所。在今天這樣的許多社會經濟變化時期，社區教育的規模和有效性逐漸減小，而家庭教育在整個教育過程中仍繼續充當"紅線"，以培養每個人的文化個性。

在湄公河三角洲的華人家庭和社區的教育研究仍是一個新問題，幾乎沒有針對該問題的研究。華人社區有許多與教育有關的討論作品，例如：（一）台灣《華僑志》編輯部 1958 年出版的《華僑志。越南》一書中的"教育"一章；（二）張世豪的《越南胡志明市華人的文化變革和教育概況》一書（胡志明市出版社，2008 年）；（三）Tracy Barrett 者的 *The Chinese diaspora in Southeast Asia – the overseas Chinese in Indo-China* 第六章涉及越南南部法國時期的文化和教育活動（IB Tauris 出版社，2012 年)，（四）Chye Lay Grace Chew 2010 年在 *Journal of Chinese Overseas*（海外華人期刊）發表的"The Hoa of Phu Quoc in Vietnam: local institutions, education, and studying Mandarin"（越南富國島：地方機構，教育和普通話學習）一文；（五）於向東 2004 年在《八桂僑刊》期刊上發表的「越南華人政治、文化和宗教活動現狀評價」一文，（六）衣遠 2014 年在《東南亞縱橫》期刊上的「越南華文教育發展現狀與思考」一文，等等。這些作品大部分或部分地研究了越南南部華人社區在殖民時期至戰後時期所擁有的華人學校系統的現狀，但它們並未關注家庭和社區教育的兩個最重要方面。要瞭解越南華人社區的民族意識和文化特徵，我們不能不研究家庭和社區教育這兩個方面。

這項研究主要使用 2015 年，2017 年和 2019 年在湄公河三角洲地區進行的田野調查文件，總共進行了 62 次半結構化深度訪談。大多數受訪者是年齡在 35 至 75 歲之間的男子，他們來自許多不同的背景：教師、農民、商人、廟宇委員會成員、地方政府官員和公務員。作為論證和分析的基礎，我們主要應用拉德克利夫-布朗的社會功能觀點以及一些與家庭和社會禮儀有關的理論。

2. 家庭教育

越南華人家庭透過家庭傳統，家庭規則（即家庭法）以及相關的禮節和符號系統對子女進行教育。我們發現，絕大多數華人家庭都知把握何為每個人提供培養，提供和創造條件的機會，使其能夠接受以意義為導向的個人和社會道德教育體系。這種體系透過家庭傳統規範化而成的「家庭風格」、「家庭法」、「家庭禮節」和與其社區相關的符號系統（譬如民間故事、傳統觀念、孝順例子，與道德教育和生活方式相關的符號等）。他們很掌握如何合理地應用家庭儀式和禮節（「家禮」），具體化並轉化為每個人的知識和技能的來源，從而實現家庭教育和社區教育的目標。該過程可以總結如下：

圖 2：越南華人家庭教育

根據對 100 個隨機人群的線上調查，有 82.2%的人認為基於家庭的道德和道德教育的作用非常重要，有 17.8%的人認為重要，沒有其他評論。這表明新科技並沒有扭轉家庭教育的作用。當被要求比較家庭和學校在教育個人美德中的作用時，22%的人認為家庭承擔最大的責任，43%的人認為家庭和學校負有相同的責任，26%的人選擇家庭學校和社會是同樣重要的因素。3%的人認為學校的責任是最大的，其餘是其他意見。特別是，有一種觀點特別指出：「家庭在塑造有智慧和道德的人中扮演著重要角色，而學校是我們學習和發展其智慧和道德的價值」（線上調查，2019 年）。在湄公河三角洲地區進行的深度訪談（62 次訪談）的結果表明，對於當地華人社區而言，美德教育是家庭的首要大事，而學校負責知識和技能的教育。同時，人們對當前越南社會禮節和個人道德的教育收益的評價如下：非常好：7.3%；好：40%；平均：49.1%；低於平均水準：3.6%（線上調查結果，2019 年）。比較以上兩個數據，我們可以看到，華人家庭的道德教育滿意度高於湄公河三角洲越南共同社會的道德教育滿意度。

可以看出，華人家庭被認為是對子女進行美德教育的核心。當被問及「家庭孝道傳統中主要的教育方法是什麼？」時，答案如下：風俗（70%）；節日（9%）；民間故事（9%）；其餘是其他意見，例如，子女遵循父母的行為，遵循學校教師的教育等（12%）（線上調查的結果，2019 年）。

在家庭中，22%的華人人透過家庭規則和家譜習俗教育子女，16%的人透過祖先崇拜活動進行教育，25%的人透過清明節進行教育，7%的人透過其他家庭活動進行教育（線上調查的結果，2019 年）。過去（甚至今天）的華人特別重視兒子，特別是被認為是家庭正統繼承人的長子。對於一個女人來說，據說「母貴由子（mẹ quý vì con trai）」，當她生下一個兒子時，她就受到丈夫家庭的重視。儘管女兒沒有兒子那樣高尚的地位，但在婚事上華人也非常關注女婿的選擇。他們寧願選擇一個具有相同文化風格（盡可能使用相同的方言）的親家，以便能夠加強「光宗耀祖」。許多華人家庭保留著查閱家譜的傳統。當給孩子取名字時，他們必須確保世代之間的等級規則。當地越南人今日沒有此俗。儘管華人非常重視親屬制度和宗派制度，但有一個方面顯示出比越南人傳統更大的靈活性。越南人認為「Bé bằng củ khoai cứ theo vai mà gọi 小如地瓜，也要按照次序而稱呼」，而華人則奉行著「誰先見日光，誰當哥哥（姐姐）；同一輩的人的子女之間沒有區別」

的方針。華人特別重視稱呼方式，所以大多數人「稱呼時都盡量使用華人方言的稱呼法」（TQH 先生，男，出生於 1970 年，河仙）。他們認為「如果能夠採用華人的稱呼法，您仍然可以保留華人習俗」（DA 先生，男，出生於 1944 年，芹苴）。在湄公河以南的地區，一部分越南人在公共場所（市場、餐館等）也使用潮州人的稱呼法，人們稱老人為「chệt」（叔叔），稱婦女與老人為「ý」（阿姨），將年輕男人稱為「hia」（哥哥），將年輕女子稱為「chế」（姐姐），等等。

在華人家庭教育中，首先是孝道和家庭等級制度。接受調查和訪談的絕大多數人說，華人「非常重視」和「重視」這些價值觀，而很少有人選擇「普通」（線上調查與深入訪談的分析結果，2019、2020 年）。HB 先生（男，1943 年，芹苴）申明「華人非常尊重祖先」，並強調「自己當為父母，我們也必須以身作則」（2019 年採訪）。LTN 先生（男，丐冷）斷言，華人透過許多特定的道德規則（他稱其為「家規」/gia quy）來教育子女孝順，例如「父母在，不遠遊」一道理。他本人不允許自己說壞話、不欺騙人、不撒謊，以供他的孩子作為榜樣。DHM 先生，（1940，客家人，龍川市）和 ĐTT 先生（1944，潮州人，朱篤市）也申明，他們與家人始終意識到要使用家庭規章制度來教育子女和孫子孫女（2019 年採訪）。

顯然，華人在家庭教育中非常重視「身教」（以自己為例）的原則。NPH 先生（1964，芹苴）他說他要自身為迎春準備每一細節，邊做邊教，很仔細地指示他的後代們妥善準備祖先的祭壇、安排祭祀托盤、更換春聯、對聯等。清明節，他和他的妻子親自教他們的子孫後代做飯菜，準備供品，進行各種禮拜形式等。DA 先生（1944，該禮 Cai Lậy）也陳述，他的家庭也有父母做榜樣，孩子效法的傳統。在我們的深度訪談中（95%的受訪者是華人），大多數人對家庭的道德養育感到滿意（或非常滿意），只有少數暫時滿意或不太滿意。

隨著城市化和市場經濟的發展，華人家庭的道德和禮節教育也受到了一定程度的影響，其影響一般不如越南當地家庭嚴重深遠。63.5%的華人受訪者特別關注農曆新年／春節的團圓活動，有 16.8%的人選擇清明節和祖父母去世的周年紀念日，其餘是其他意見（2020 年湄公河以南的地區有大規模的舉行清明節的傳統（主要是潮州人），許多遠在上學的華裔學生尋求許可回家與家人一起拜祖先和打掃祖先的墳墓。

圖 3：迪石市天后宮的《孝道》壁畫（攝：阮玉詩 2015）

在談到當今生活方式和家庭教育的變化時，LNH 女士（1957 年，平明市，永隆省）申明她「並沒有強迫孩子遵守家規太多」，「並沒有強迫他們孝順」，讓我們「讓他們舒適地生活」。但是，當被問及是否有讓孩子們過上舒適的生活的條件時，她毫不猶豫地坦白說：「只要他們崇拜祖先並尊重家長，特別是留意清明節，剩下來的一切都由他們來做主的！」。因此，從很小的時候起，華人家庭教育就已經「滲透」到風俗習慣和「家庭規則」中，而不僅僅是日常教育，以至於她認為這「不會影響」孩子們在生活方式上的舒適感。她補充說，兒子愛基督教女子，她沒有拒絕，只是輕輕地勸告他。「幸運的是兒子聽話，然後去尋找另一個姑娘」（採訪 11/2019）。HQC 先生（1947 年，Rạch Sỏi，堅江省）在討論結婚後長子或次子誰將與父母生活在一起的規定時說，誰知道怎麼照顧父母就選誰。他將指派最孝順的兒子與他們同住，其餘的則分開出去。但是，日常生活中的變化非常明顯。TKQ 先生（1953，Ô Môn，芹苴）肯定說：「過去吃飯的時候，一家人必須聚在一起吃的，但現在很彈性，誰餓了就可以吃飯」。透過深入訪談，線上調查的結果以及我們的在地研究得知，當前的湄公河三角洲地區華人家庭道德教育總體上已經在教育表達形式和生活某些方面發生了變化（比如學習、工作、選擇居住的地方、選擇生活伴侶等方面）但是，家庭道德的「常數」（例如孝順、家庭等級、本族風俗和習俗的傳承等）繼續透過與家庭相關的禮俗活動得以保留。在城鄉之間，據說農村地區（尤其是華人集中的地區）比城市地區具有更好的家庭教育和家庭習俗。TAT 先生（1948，迪石市）他說，儘管 Tắc Cậu 只是 U Minh Thượng 林區附近的一個小村落，那裡潮州華人集中的地方很小，但他們「比迪石市的華人更好地保留了風俗習慣」（採訪 2020）。

湄公河三角洲的道德教育、家庭禮儀仍有一些方面（價值）需要進一步考慮和評估。「重男輕女」的概念，長子和次子之間的等級制度（宗法治的遺存），繼承權的意識形態，以及在一定程度上對子女的教育的嚴格性對家庭成員產生了很大的影響。韋勒（Robert Weller，1987，頁 25）曾經斷言，在華人文化中，父權制，家庭團結和孝道傳統的服從對一系列家庭禮俗活動產生了主要影響。任何訪問華人家庭的來賓都可以透過觀察祖壇、客廳的佈置或多或少地猜出教育家庭的傳統。LNT 先生（1961 年，龍川市）雖然肯定「重男輕女的概念並不像過去那樣苛刻」，但他承認「我有兩個很可愛的女兒，但我仍然更愛著兒子」。NPH 先生（1964 年，芹苴）也說：「總的來說，男孩和女孩我都愛，但如果能夠生下一個男孩，我們會更喜歡」。當給祖先供品時，他的兒子首先敬拜，然後才是女兒。他的孩子已婚，長子負責祖先的崇拜儀式。其他兄弟姐妹自願購買祭品或為他們的長兄自願湊錢。「從父輩到兒子」的原則也反映在金甌半島地區的華人寺廟（主要是天后廟）的正殿兩側常見的聖獸壁畫上：「青獅白象」。以一對成年獅子（或大象）和一頭幼崽為主題的許多越南人錯誤地認為此畫代表著母子精神，但大多數當地華人將其理解為父親和兒子的形象，反映了他們的父權傳統。顯然，傳宗接代的概念仍然是華人家庭固有的道德觀念，並且在所有其他道德觀念中都處於主導地位，無論社會進步的影響力如何。

圖 4、圖 5：金甌省 Cái Keo 村天后宮正殿兩側的「青獅白象」壁畫

（攝：阮玉詩，2016 年）

自上而下的華人家庭教育在一定程度上支配著孩子的願望、興趣和選擇職業和生活方式的權利，尤其是家族企業的正式繼任者長子。他享有將來成為當家人的權利，但為此付出了沉重的「代價」。TT 先生（1942，Tắc Cậu，堅江省）肯定了這一傳統，即使在當今時代也沒有過時，因為它可以幫助兄弟姐妹相處並互相尊重，因此必須予以保留。據他說，這個概念還具有總是提醒長子為他弟妹樹立榜樣的美。與湄公河三角洲的越南人不同，後者規定小兒子繼承了父母的最後財產，而華人家庭的長子承擔的責任要大於他從父母所享有的財產，因為他必須為他的弟妹在家庭中扮演「第二父親」的角色，並且同時必須失去許多個人志向和興趣（學習、職業，甚至婚姻選擇）。LNT 先生（1961 年，龍川市）評估說，屬於中等階級以上的華人家庭非常重視「兒子繼承父親的產業」的傳統。TVD 先生（現年 45 歲，金甌市）就是一個例子，他不得不放棄上大學的機會來接管家族企業。他高中畢業，到胡志明市用兩年的時間「開闊眼界」，然後就回老家跟父親做生意了。在對當地做生意或在當地開設中藥店的華人家庭進行的深入採訪中，我們發現所有這些家庭都有經濟條件，但他們的兒子因為

要接受家族的產業而沒能上大學。甚至有一場合情形，兒子幫助父親販售中藥，只向父親學習各種產品的名稱和用途，而沒有經過任何專門學校的培養。QNL 女士（1957 年，潮汕人，芹苴市中文教師）對此評論道：「今天，一些華人仍然認為自己的孩子不需要更高層次的學習」（2019 年採訪）。

簡而言之，湄公河三角洲華人家庭教育通常是個人美德和禮儀教育的典型「堡壘」。在充滿社區佛教文化的越南人和高棉社區之間交替生活，華人選擇家庭教育和家庭傳統作為支點來執行三個基本任務：（一）個人品德和禮節教育，（二）家庭傳統的教育和保存；以及（三）當子女走進社區並接受社區教育時，它為定向民族文化認同教育奠定了基礎。在湄公河三角洲的華人中，除了家庭教育外，還進行社區教育，主要透過漢語學校系統和社區禮俗活動（廟會、民間節日、集體文康活動等）進行。在比較華人家庭成員時，低收入家庭往往較少關注家庭教育，而是依靠學校教育和社區教育。同樣，純粹的農業華人家庭（在農村跟越南人或高棉人雜住）對家庭教育的關注也少於在有大量華人家庭的城市或城鎮做生意的華人家庭。換句話說，在經濟狀況不佳的華人家庭中，家庭教育大多在上述三個基本任務中的第一個停止。

3. 社區的教育

湄公河三角洲華人社區的教育歷史總長可以分為三個階段：形成階段、越南國民教育體系外獨立發展階段和國民教育整合發展階段。第一階段對應於阮主—阮朝開立南部地區至法國殖民時期、第二階段從法國殖民時期結束一直持續到 1950 年代末 1960 年代初，第三階段則與後期相關。

(1) 阮主—阮朝開立南部地區至法國殖民時期

華人社區的教育與以下目標相關聯：標準化社區文化，傳播和發展早在南方形成的華人文化和文明，這與在南方建立的前三批華人中的兩個有關。他們就是在阮主統治權下的河仙總鎮鄚玖（Mạc Cửu）和同奈大將陳上川（Trần Thượng Xuyên）兩大組。新加坡學者 Claudine Ang（2019）的 Poetic Transformations: Eighteenth-Century Cultural Projects on the Mekong Plains（詩意的轉變：湄公河平原上的十八世紀文化計劃）一書有一部分談到這一點。

鄚玖和他的兒子鄚天賜是具有中國古典文化的人，尤其是廣東風格（Chen Ching Hoa 2008，頁 100）。他們都是阮主任命的河田省長，他們為南河國（廣南國）的開發和發展做出了傑出貢獻（Ang 2019，頁 200）。如果說鄚玖在發展河仙方面取得了巨大成就，那麼他的兒子鄚天賜（Mạc Thiên Tứ）為培育和振興河仙文化事業做出了巨大貢獻。父子倆都有權力和資源來為河仙培養中華文化教育和禮俗風格，特別是鄚天賜建立「昭英閣」（Ang 2019，頁 122），然後從越南北部、中部和南部以及中國招募文人的事項。根據 Claudine Ang（2019，頁 162）的研究，鄚天賜沒有將河仙與清朝聯繫起來，而是用詩歌的禮俗將河仙打造為遠離中國的文化堡壘。在河仙政權的保護下，從遠方傳來的文人或者「反清復明」的人可以選擇作為庇護所。鄚天賜將文化作為一種精神機器，為河仙人民提供了教育，以標準化人們的習俗和生活方式。根據 Chen Ching Ho（2008，頁 77）的研究指出，鄚天賜建了一座孔廟供奉孔子，並同時建立了許多學校，這有助於規範河仙居住區的文化，然後將其傳播到湄公河南部各地。

自十八世紀初以來，在同奈--嘉定地區形成了一個文明、優雅的同奈大埔（Cù lao Phố）。在那裡，禮節教育和儒家知識很快在華人和越南人社區中形成和發展（閱覽鄭懷德：《嘉定城通志》）。到十八世紀末，同奈大埔被摧毀時，在堤岸地區形成了一個新的華人經濟教育中心，當地的民歌讚揚了華人、明香人民的風格這樣說：

Gỏi nào ngon bằng gỏi tôm càng, Đố ai lịch sự bằng làng Minh Hương.
各種類泡菜（沙拉）裡大蝦泡菜最好吃，
天下何人能像明香人村落那麼有禮貌。（舊日西貢—嘉定民謠）

在十八世紀末和十九世紀初，該地區儒學教育的發展日趨成熟。該地區出現了許多文人，例如平陽詩歌社的鄭懷德、吳仁靜、李光頂等。平陽詩歌社的文人經常集合於堤岸中心的嘉盛明香祖廟，他們畫畫，討論和提議許多文化活動，以改善當地文化。許多明香人為阮朝當官，比如武長纘、鄭懷德、吳仁靜、潘清簡等等。其他許多華人知識分子也在許多社會領域做出了貢獻。例如，葉文崗（Diệp Văn Cương）先生於 1868 年曾擔任西貢《Phan Yên》報紙的編輯（閱覽 Nguyễn Đức Hiệp：vanhoahoc.edu.vn）。這些文人和知識分子為越南南部地區文化風貌的形成和發展以及社區禮俗、風俗習慣的複興做出了巨大的貢獻。

在法國殖民時期，殖民政府對華人的政策中最突出的一點是：1. 分而治，2. 利用華人的生意能力國際貿易網絡的仲介。有了這項政策，華人幫派只要履行對政府的重要義務，就可以合法地註冊和運行。

1900 年，中華會館廳在堤岸區成立，起著促進華語教育，規範禮節，增強華人的知識和生活的水準，以減少社區中的無知無能的人（McKeown 2017，頁 324）。在幫會的支持下，在西貢-堤岸以及整個南部地區建立了許多華語學校。西貢--堤岸地區各級有 120 餘所學校，在校生 25,200 多人（蘇子 1956，頁 22-23），南部地區其他地方擁有 162 所學校及 8,659 各級學生（台灣華僑誌編輯部 1958，頁 104）。堤岸地區廣東華人的穗城學校成立最早，於 1910 年，接著是潮州華人的義安學校（1912 年）、福建華人的福建學校（1912 年）等等。著名的高中學校有知用學校、嶺南學校、義安學校、國民學校和中法學校。典型的中學學校有穗城學校、廣肇學校、福建學校、志誠學校、逸仙學校、明達學校等。女生學校有坤德學校、振華學校（閱覽台灣華僑誌編輯部 1958，頁 101-103；Đào Trinh Nhất 1924）。僅就湄公河三角洲而言，該地區在 1958 年之前建立的典型學校可以列舉如下：

表 1：越南湄公河區域 1958 年以前主要華校

地方	學校	地方	學校
新安市（Tân An）	中華	朱篤市（Châu Đốc）	中華、華僑、中山
美萩市（Mỹ Tho）	廣肇、崇正、新民	芹苴市（Cần Thơ）	華僑、興中、全民、崇正、南華、新僑
鵝貢市（Gò Công）	建國、華僑	薄遼省（Bạc Liêu）	中華、培青
檳椥市（Bến Tre）	中華、光華、培正	薄遼市（Bạc Liêu）	新華、全華、華僑
永隆市（Vĩnh Long）	中華、啟民、斯達	金甌市（Cà Mau）	培智
茶榮市（Trà Vinh）	中華、廣肇、華僑	迪石市（Rạch Giá）	中華、四維
沙瀝市（Sa Đéc）	華僑	河仙市（Hà Tiên）	華僑
龍川市（Long Xuyên）	廣東、中華、中國	富國市（Phú Quốc）	華僑

（參閱台灣華僑誌編輯部 1958，頁 101-103）

1927 年，中華民國政府在印度支那開設了領事館，並要求對華裔華人社區增加影響，要求領事管理各地華人幫會（蔡志祥 2003，頁 508-9），但遭到印度支那政府拒絕。從那時起，越南南部華文學校與中華民國政府之間的關係主要是透過非正式管道進行的。

當時使用的課程和教科書主要是西貢－堤岸地區華人教育執行委員會選擇的中華民國教科書系列。一旦西貢－堤岸地區決定了課程和學習材料，湄公河三角洲地區的中文學校也隨之效仿。

(2) 1945 年至 1975 年期間

這一時期見證了越南民主共和國（北越政權）的誕生和發展，而在南部，從 1954 年至 1975 年，由越南共和政權（也稱西貢政權）統治 21 年。當時，越南民主共和國與中華人民共和國之間的關係溫暖，越南北部的華人得到加入越南國籍的鼓勵，並融入越南社會（Evans & Rowley 1990，頁 49）。越南政府允許中國政府的海外華僑事務部投資在河內建設學校，發送教科書並支持培訓漢語教師（Amer 1991，頁 13）。到 1958 年，所有這些學校都由越南教育部管理（Chee 2010，頁 180）。1966-1976 年期間，在中國政府施加的越來越大的壓力下，越南民主共和國政府決定逐步減少北部地區的華語教學和中國歷史教學。此時，河內和海防街上帶有中國元素的招牌越來越少見的。但是，Evans & Rowley（1990，頁 49）估計，與南部地區相比，1975 年以前北部社區的華人教育政策是“溫和和寬容的”。

在南方，中華人民共和國與西貢政府未就當地華人達成普遍協議。吳廷琰拒絕了北京的要求，因為他認為這是西貢的內部事務。當地的華語學校主要與中華民國建立了非正式關係，因此他們一般繼續與台灣方保持這種關係（閱覽 Thompson & Adloff 1955，頁 58）。從 1955-1956 年開始，華人學校被要求加入越南共和國的教育體系。他們必須將越南語和越南歷史科目納入正式課程，特別是在 1957 年 10 月以後（Fall 1958，頁 71）。在此期間，許多華人報紙也因刊登了許多批評越南歸化華人的文章而被停職和罰款（Fall 1958，頁 71）。Thompson & Adloff 表示，馬來西亞和越南共和國的許多年輕華人表示「自願為中國政府當兵，而不是為東南亞各國政府參軍」（Thompson & Adloff 1955，頁 12）。各地的華文學校到處都是「華僑學校」和「中華學校」。政府和普通百姓不可避免地懷疑華人社區對越南國家和社會的熱愛和忠誠。

可以看出，在阮主和阮朝時期，華人社區曾經很好地將文化和社會融入了越南（見蔣為文 2013，頁 87-114）。但是，由於法國殖民統治的直接影響，越南南部華人在文化和教育方面變得更加「獨立」，建立了自己的學校和資源網絡以支持法國殖民後期和 1954-1975 年期間的社區教育。這項運動的主要目的是保持社區中的中國國籍，語言和風俗。另一面是，它在越南華人和越南人與其他土著人民之間造成了巨大的鴻溝，而今天的越南社會需要幾十年的時間才能縮短這種差距。

在東南亞，華人社區的教育問題吸引了許多政府的關注，但也許泰國的做法已決定為當地的社會和文化融合進程帶來最大的效率和最大的貢獻。作者 Supang（1997，頁 256）估計，由於靈活的教育機構和多代傳播的因素，泰國的華人自然被同化了。在二十世紀中葉後期，泰國政府為華人青年創造了許多有利條件，使他們認為上泰國學校是建立自己的職業和事業的好機會（Coughlin 1960，頁 145；Tan 2004，頁 119）。結果，「具有較高社會地位的華人被泰國文化和社會更好地吸收了」（Spiro 1955，頁 124）。到目前為止，泰國華裔只保留了出生的概念以及一些家庭禮俗活動，而其餘的則是泰國社會普遍差異的生動體現（Tan 2004，頁 41）。這表明在正常情況下，東南亞華人並不僅僅是保留中國國籍。相反，他們將利用當地的有利條件促進社會融合。

(3) 解放以來的華人社區教育

1975 年解放後，國有化和反資本主義歷程將以前由幫會管理的華人學校轉變為由越南教育和培訓部管理的普通學校。1983 年 9 月 13 日簽署的政府第 14 號法令禁止華人開辦和管理學校、一些商業領域、運輸、印刷、加工，文化貿易和資訊工業等許多行業（黃小堅 1998，頁 267）。芹苴市 Cái Răng 丐冷郡的新僑學校就是一個例子。這所學校是由華人幫會於 1954 年成立的，專門為該地區的華人子女提供華文培訓課程。這所學校的畢業生可以繼續在芹苴市中心的華人高中學校學習。1970 年，學校進行了改建，增加了寬敞的設施，並將其名稱更改為「新興華文學校」。自 1977 年以來，根據國家的共同所有制政策，這所學校改名為 Lê Bình 學校，由芹苴市教育培訓部管理（LQT 先生訪談，男，1933 年，Cái Răng 丐冷）。越南華人的重新社會融合歷程主要始於 1986 年的《革新（Đổi mới）政策》。1986 年 10 月發布的第 256 號法令允許有多華人子女的中小學開設華語課，但教學必須遵循教育和培訓部的總體計劃（Mạc Đường 1994，頁 189-198）。此外，1990 年第 85 號法令再次恢復了華人社區的教育，文化和新聞活動（Amer 1996，頁 92）。由於華人已經入籍，為了保證社會融合的效果，越南政府不允許將其他華語中心命名為"華僑學校"或"華人學校"。到目前為止，這些學校已經能夠在晚上或週末提供補充華語課程，以支援當地社區的華語和文化培訓。一些地方如薄遼省永州市恢復了華人社區辦學的模式，學生必須同時學習兩個課程：教育和培訓部設計的普通課程，以及華人社區選擇的華語和文化課程。因此，總的來說，華人語言文化培訓學校在國民教育體系中起著輔助作用；因此，他們在課程的選擇上基本上具有一定的彈性，此外，他們的組織班級的方式也不受國家課程框架的嚴格規定（Tong 2010，頁 20）。有的學校兼具教學輔助功能，只能在晚上上課。芹苴華語夜校就是一個例子。據 QNL 女士（1957 年，芹苴市）介紹，芹苴華語夜校有 20 名教師，正在為 1000 多名華人和越南人子女教授華語（普通話）[3]。在普通學

[3]越南人學生當前佔全校學生總數的 70-90%，此前僅為 10%左右（採訪 ODP 先生，芹苴市，2019）。

校學習後，學生將來到這所學校學習華語。本夜校在完成課程後向學生發放課程卡。得到足夠課程卡的學生高中畢業後可參加中國漢語考試或台灣華語文能力測驗，取得證書出國留學或找到合適的工作。目前，當地教育培訓部正計劃將這所學校改為芹苴市漢語中心。在龍川市，有安江華語中心，約有 120 名學生，學習方式「更像學外語而不是學母語」（專訪 GNT 先生，生於 1960 年，龍川市）。GNT 先生還說，目前在李貴惇學校借幾間教室開設華語班非常不方便，因為無法為教學活動配備專門的設備。在朱篤市，位於市中心的關帝廟--孔廟維持開設了一個華語班。在金甌市，該省華人協會在阮造學校（前為培智華語學校）開設了多個華語班。據 DK 先生（1964，Cái Răng 丐冷）說，前江省美湫市自 1990 年起允許恢復越秀華語學校，這所學校正在為華人和越南人的子女開設一些免費的額外華語課程。

圖 6：芹苴市華文輔助學校（攝：黃黃波 2021）

圖 7：薄遼省永州市培青私立中學校（攝：阮玉詩 2016）

也許目前湄公河三角洲最典型的模式是朔莊省永州市的培青私立中學。學校於 2014-2015 年重建，總資金 270 億越南盾（朔莊廣播電視台 2018），由當地華人協會出資。這所學校有 78 名教師，教授越南語和華語雙語課程，其中華語班教授普通話和潮州話（其中普通話更為常見）。學校學生構成 90%為華人學生，其餘 10%為越南人和高棉人學生（專訪 HĐB 先生，1953，永州市；TQP 先生，1955，永州市；TTP 先生，1940，永州市，和 PV，1958，永州市）。據受訪者介紹，在培青學校從小學到高中不斷學習華語，保證了每個學生的華語能力都相當不錯，然後他們可以參加漢語水準考試 HSK 或台灣華語文能力測驗，可以上國內外大學或去工作。這所高中畢業後在台灣或中國公司工作的學生比例非常高；因此，該地區的學生（華人、越南人、高棉人）對華語培訓有相當大的需求（專訪 CKM 先生，1951，永州市）。CKM 先生繼續說道，"對於永州華人來說，如果您想保持自己的身份，請讓您的孩子學習華語"（2020 年採訪）。

在堅江省，迪石市、河仙市，富國市，Rạch Sỏi 鎮、Minh Lương 鎮和 Tắc Cậu 村開設了一些華語班（採訪 TAT 先生，1948 年，迪石市）。10 年前在堅良縣 Hòn Chông 區開設了華語班，但因經費不足，現已停止教學。周勝皋（1961）和 Grace Chye Lay Chew（2010）對富國島的案例進行了仔細研究，根據他們的說法，該島自 1936 年以來就有一所華文學校，位於華人公所辦公室旁邊。1950 年代初，一批中國國民黨軍隊被法國人流放到富國島期間，他們當中的一些人曾參與向當地華人教授華語（採訪 TQM 先生，19568 年，富國市）。1960 年這所學校更名為孔子學校（Chew 2010，頁 322），1976 年開始進入國有化階段，1998 年恢復並更名為富國學校（或者富國華人學校）（Chew 2010，頁 323）。從 2000 年以來，富國華人協會正式開辦這所學校。然而，根據 Chew 的研究（2010，頁 327-328），在富國島組織華語（普通話）教學是相當困難的，因為學生如果繼續學習必須前往芹苴或胡志明市。當然，因為這些學生還在學習教育培訓部的課程，他們仍然可以在富國市上國中、高中，然後正常上大學，完全不像 Chew（2010，頁 189）的評估說華人子女「很難上大學」！

華人年輕一代會說、會寫中文或自己方言的比例越來越小，唯一不那麼褪色的是家庭的傳統禮俗。說華語並不意味著民族身份得到保留（Tran Khanh 1997），但各地的實際教學和學習條件以及實際就業率並不相同。芹苴是全區經濟、商業活動最繁忙的地區，華人聚居比較多，但是只有 22%的華人能聽、說、寫漢字（Ngô Văn Lệ，Nguyễn Duy Bính 2005，頁 84）。在龍川、朱篤、迪石、河縣等許多地方，華人年輕一代對學習華語的興趣不大；相反，學習英語才是他們的愛好（專訪 LTN 先生，男，1962 年，龍川市；DT 先生，1944 年，朱篤市；KMT 先生，1958 年；VP 先生，1941 年，迪石市；LTH 先生，1964 年，Hòn Chông 鎮和 HCM 女士，1966，河仙市，採訪年份 2019）。

VP 先生（1941，迪石市）強調：「華語消失了，學校不多。學校沒了，所以就消失了」（2019 年 12 月採訪）。HTT 先生（河仙市）則很幸運，因為「以前奶奶在世的時候，奶奶教我們學習潮州方言」（2019 年 12 月採訪）。現在，在河仙地區，華語學校還不發達，一些華人家庭寄希望於私人「教師」為孩子註冊學習華語。達先生（1948 年，堅江省）感嘆：「所有[當地]華人子女都學習英語和越南語；未來 10 年，我們老人都死了，會講華語的就沒有了！」（2019 年 11 月的採訪）。TVD 先生（迪石市）說，過去父母一代以前拜祖先時都用潮州方言祈禱，現在他那一代和孩子在所有場合上用越南語，只是稱呼還是按照老習慣（2019 年 12 月採訪）。

華人社區教育還有一個很大的方面，就是透過禮俗活動和社區活動來教育禮儀、習俗、民族意識和跨民族文化交流。但是，在本文的框架內，我們不會介紹這個領域，因為接下來的章節會更詳細地呈現它。與過去相比，今天華人社區的語言、禮儀和文化教育已經減少了很多，主要原因包括他們要與越南人的文化交流、社會融合和就業市場的需要以及隨著該區各地華人協會的活動越來越減少。關於第三個原因，ODP 先生（1954 年，芹苴市）說，華人社區已經簡化甚至放棄了一些禮俗，因為「只有華人協會和團體組織的存在才能維持，沒有的就沒辦法了」。據他介紹，協會和團體是華文學校和社區文化活動（節慶、舞獅、文藝活動等）的主要支持單位。迄今為止，只有少數華人居民較多的大城市和鄉鎮（省級）才能夠維持華人文化協會和團體。最典型的是永州市珠光會[4]，該市華人會的典型單位之一，專門從事當地社區的禮儀、文化和教育活動。在永隆市、金甌市、迪石市、

[4]永州市華人社區包括清明古廟、天后宮中心、珠光會、華人學生家長會和潮州義地中心。

朔莊省美川縣城，龍獅隊、書法俱樂部等通常與當地的神靈信仰組織（最常見的是天后和關帝）有關。永隆省每年定期舉辦省舞龍獅比賽，因此保留了許多華人舞龍獅隊伍。然而，許多地方仍在努力維持這些協會和藝術團體。據 LNT 先生（1961，龍川市）介紹，這座城市華人社區正在努力維持和發展一支當地的華人獅龍隊，以滿足公眾的精神需求，不過實際上的條件不簡單的。朱篤市關帝廟也在努力維持獅龍隊的活動，以服務當地的華人節慶與文娛活動（採訪 DTT 先生），（1944，朱篤市）。另外，華人古樂團體，如金甌市同心古樂社以及朔莊省美川縣城、迪石市等地的潮州傳統大鑼鼓音樂團體也正在維護中。

當被問及"當地華人幫會和團體做什麼活動來連結社區？"時，57.4%的回答強調他們定期在寺廟舉辦節日活動（2020 年對 100 人進行的隨機線上調查結果）。不過，在受採訪時，很多華人都說不知道或者沒能參與。這就是說，各地華人社團的社區性活動之範圍和效應還沒及格。在一些地方，華人社團保持典型會員（強制）和同胞（自願）在農曆新年初一早上向眾神「團拜」神靈的習俗，被視為有助於創造和聯繫華人群體的象徵性行為。實際上，只有社區的代表和一些當地華人（大多數老年人）參與此活動。因此，ODP 先生（1954，芹苴市）強調"過去，華人比現在更加團結。當時，社區的經濟潛力很大，我們共同培育了排球、籃球和社團等。現在，情況更糟，這就是為什麼社區的文化和體育運動也減少了"（2019 年採訪）。

簡而言之，以其作為社區社交和儀式活動的載體和環境的地位，華人語言學校、華人語言和文化教育機構、華人協會和團體系統等社區團機構目前在湄公河三角洲地區處於減少階段，導致規範社會和滿足社區文化需求的能力下降。但是，在我們看來，主要還是人為因素

（特別是華人青年）已經發生了變化。發展他們未來的工作和生活並融入社會的需要是永久性的，因此他們對社區活動的興趣下降；相反，跨種族的人際網絡通信和交流有所增加。在一定程度上，本次研究中老一輩華人的擔憂是有根據的，但越南華人年輕一代則不一樣，他們對世界性越來越普及的華人觀念感興趣：當一個華人不一定會說華語，不一定要歸根於中國，但足以讓他們意識到自己的華人血統，同時保持最基本的華人的風俗習慣（另見 McKeown 1999，頁 330）。

4. 結論

湄公河三角洲的華人以其獨特的社會歷史背景，主動選擇將家庭和社區教育空間結合起來，以實現三大目標。家庭教育（道德教育、個人生活方式）佔據核心地位，是每個華人最重要的基礎。華語語言文化補習學校系列和信仰宗教活動體系構成社區的文化教育基礎，對於每個人有助於創造、調整和磨練民族文化精神和社會生活方式。在當前社會融合發展的大背景下，透過通婚、各民族社區積極參與彼此的信仰宗教機構和活動或者越南人和高棉人越來越多地參加華語學校等活動，各族群之間的社會文化交流越來越強。這也意味著會寫和說華語的華人（年輕人）少了。然而，得益於家庭倫理和生活方式教育、社區文化和民族精神的教育，大多數華人社區仍然保留著自己的民族性格和文化特色。社會經濟一體化本身就是文化交流的動力。由於文化和社會交流的範圍更廣，該地區的華人傾向於推動家庭教育，使其成為當代華人倫理關係和生活方式相對可持續和有效的宗教教育「堡壘」。

第二章
天后信仰在越南南部的傳播及特點

阮玉詩

摘要

南部地區華人人數是佔越南華人總數的九成，也是天后廟數量最多的地區，共有 125 座。同時，整個南部地區的神廟還有 150 座左右配祀天后，最密集的也是湄公河三角洲。透過對南部地區天后宮網絡及其特徵進行研究，將有助於瞭解華人社會與南部地區各民族的文化交流。總體而言，按照華人遷移途徑、廟宇之間的網絡關係以及信仰圈的流動性的能力，整個湄公河地區的天后宮系列可分為兩大圈，（1）與胡志明市、東南部各地相連的湄公河兩岸地區；（2）以潮州人為主體社群的湄公河以南的東西海岸地區。第一組接受胡志明市廣東華人的經濟、文化支配，該區特色不明。第二組因獨立性高，本身形成了一個空間，稱作潮州人天后信仰區。與胡志明市、東南部地區的廣東人天后信仰區相比，湄公河潮州人天后信仰區擁有無系統的分散性特點。因此，天后信仰在越南南部湄公河地區以統一性與分散性兩種風格並存，為當地文化多樣性提供了非常生動的文化資源。

關鍵詞：天后信仰、潮州人、越南南部、湄公河、文化傳播

1. 研究觀點

作為越南六個文化區之一，南部地區又可分為東南部與西南部。東南部地區以工業生產、貿易經濟與都市生活為主，西南部地區也稱湄公河（或稱九龍江）地區，是河流眾多、土壤肥沃、種植業發達的典型農業區。這兩個地區的地理位置、土壤地貌條件與經濟類型的區別明顯地導致了認知、哲學、信仰宗教與社群組織等方面的區別。南部地區也是華人最為集中的地方，東南部與西南部的華人社會與文化因此也受到影響，兩者之間也有一段距離，東南部華人文化植根於都市，西南部則多流佈於鄉村。

越南南部地區面積為 65,000 平方公里，人口 3,000 萬，其中湄公河地區面積 23,000 平方公里，人口 1,800 萬。湄公河地區東、南、西三面靠海，是由湄公河河流系統浮沙堆積而成的三角洲。這裡河流密集、植物多樣、魚類豐富，早被譽為"魚米之鄉"，是越南人、高棉人、華人與占族人居住的地區。三百多年來，該地區各民族和睦相處，因此信仰、宗教等文化傳統也高度融合。跟其他地區文化相比，湄公河地區具有特殊的文化面貌，四大民族的文化一方面相互融合，另一方面各自維持本民族的文化特色。如果說胡志明市、平陽、同奈省一帶的東南部地區華人主要以廣東人為主，那麼湄公河流域則以潮州人最多。

南部地區華人人數是佔越南華人總數的九成，所以也是天后廟數量最多的地區，共有 125 座；東南部有 50 多萬華人，54 座天后廟；湄公河地區有 25 萬華人，71 座天后廟。同時，整個南部地區的神廟還有 150 座左右配祀天后，最密集的也是湄公河三角洲。越南學者潘安認為，當西貢、嘉定地區（今胡志明市）形成的時候，華人也非常活躍，他們居住在會館、幫會公所與神廟的周邊地區。因此，對南部地區天后宮網絡及其特徵進行研究，有助於瞭解華人社會與南部地區各民族的文化交流。本論文採用以下觀點來進行討論與分析：

(1) 文化生態觀點

與其他地區文化相比，湄公河地區是越南人最遲開墾的農業區。十七世紀以來，阮主與阮朝各王朝努力開發。由於良好的地理、地貌、生態條件，開墾過程很順利，如今是越南人口密集的地區。本地區的生活環境為塑造本地區不同民族的開朗性格起著重要作用。其自然條件特點包括：

I. 三處臨海，中部有湄公河支流前江、後江等九條河穿過，河流周邊形成肥沃的農業平原，即隆川四角區、同塔梅平原、後江平原。瀕臨東海的地方是大沙灘，地面高於平均高度，區內外經濟、文化交流主要從海路進來。十七、十八世紀以來，華人循海路從大海直接進入大沙灘地區，移居該地。湄公河地區西面靠暹羅灣，這裡山川、河流與農田混合在一起，成為多民族交流之處。

II. 考察湄公河地區內部，可以發現湄公河以北一帶靠近胡志明市，兩地陸路、水路相通，經濟交往密切，因此兩地人民的民間文化、信仰宗教等方面頗有關連。受經濟支配，胡志明市與湄公河前江一帶形成中心與外延的關係。作為胡志明市的外延區域，湄公河以北地區的民間信仰並不明顯。1679 年，南明兵敗後，廣東楊彥迪帶著華人移居此地，建立美湫大埔（今日前江美湫市）。不過，後來大部分華人遷移至胡志明市，餘下部分社群結構不明顯，進而影響其民間信仰。這裡只有一座天后宮，其他都是關公廟，配祀天后。從前江到後江原靠 Măng Thít 河為主要線路（今日則透過公路），從後江周邊四向都可以沿水路而走遍本區。二、三百年前，當越南人與華人移居湄公河地區時也曾穿過這些河流網絡，因此沿著河流系統，河岸地區華人比較密集，天后宮眾多，形成華、越混合的天后信仰圈。

與上述兩地區相比，東海岸大沙灘與西海岸一帶是華人（主要潮州人）直接進入、定居之地，建立社群最多，因此，天后宮與配祀天后的神廟也最多。

III. 如果把湄公河三角洲劃分為平原、河流、山丘與大海四種地理形態，那麼華人信仰宗教傳播開始主要依靠大海與河流，後來在發展過程中轉變為依靠河流與平原為主。至今，該地華人經濟以種植業與貿易為主，因此天后信仰從當初的海神崇拜轉換為一種福神崇拜。

(2) 民族歷史區域觀點

在越南國家整體結構中，湄公河地區是一個最特殊的歷史文化區，它涉及十七世紀以來開墾過程以及隨之而來的越、棉、華、占四民族團結奮鬥，形成生動、活潑的多文化並存的地區。與城市化的東南部地區相比，這裡的人民經濟靠水稻農作為主，交通網絡以河流為基礎，社區組織倚重農村，本地文化擁有特殊性，因而湄公河地區是一個完整的民族歷史文化區。

(3) 多文化交流觀點

湄公河地區是越南各個文化區多民族、多文化匯集、交流與融合最好的地區，亦即本地文化、中華文化、印度文化、東南亞文化與西方文化在不同歷史階段傳播進來後，經過混合與重塑，呈現出地區文化的新結構與新面貌。因此，十九世紀末、二十世紀初，該地區出現豐富多彩的新型信仰、宗教，形成多元語言、風俗習慣與生活風格。這一切都是多文化交流的結果。

2. 天后宮系統與分佈現狀

整個南部地區的天后宮在如下兩地分佈最廣，數量最多：一是胡志明市，二是湄公河三角洲東海岸大沙灘地區。居住在胡志明市的華人以廣東人居多，大沙灘地區則主要是潮州人，其先祖從廣東潮汕地區越海直接進入大沙灘定居。根據筆者統計，整個湄公河地區共有天后宮 71 座，其中 54 座由華人創建，其餘 17 座由越南人所建。具體而言，芹苴市 1 座、前江省 2 座、檳椥省 4 座、永隆省 6 座、隆安省 3 座、茶榮省 11 座、安江省 4 座、堅江省 8 座、朔莊省 16 座、薄遼省 8 座、金甌省 8 座。位於大平原中部地區的後江省的天后均配祀於關公廟（圖 8）。

除了湄公河地區的 71 座天后宮之外，胡志明市有 33 座，東南部共有 20 座，中部沿海地區共有 8 座，北部地區有 3 座天后宮，越南全境一共有 135 座天后宮（廟）。按照北、中、南大區來分，那麼南部地區佔 92%。此外，湄公河流域的同塔梅、龍川與後江盆地由於地理條件不佳，這些地區沒有華人定居，也沒有祭祀天后的宮廟。如果把整個湄公河地區的天后宮分佈按區區分，可以認為有三個集中圈：包括湄公河兩岸一帶、東海大沙灘、西海岸。

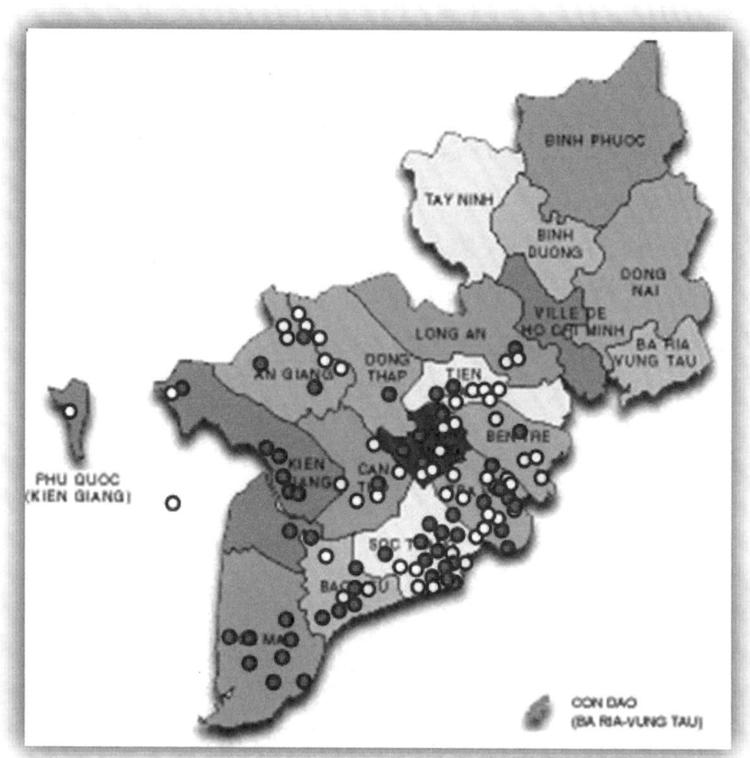

圖 8：湄公河地區天后宮的分佈現狀圖

說明（紅：華人天后宮，黃：越南人天后廟，白：配祀天后的其他神廟）

(1) 湄公河兩岸圈

本圈包括隆安、前江、同塔、永隆、安江、後江省與芹苴市。這一帶華人人數較少，主要為福建人、客家人、潮州人與廣東人，各自分散地定居在省會、縣城等地。他們在社會、經濟、文化等方面皆融入主體民族越族，本族文化傳統淡化，關公、天后崇拜也淡化，天后宮系統最稀少。

安江省位於湄公河上流處，由鄭玖、鄭天賜當年的河仙伸延開拓而成。安江省共有 4 座天后宮，各座之間毫無關係，包括瑞山縣 Núi Sập 縣城的一座潮州人廟宇、靜邊縣客家人七山天后宮、新洲市潮州人天后廟與朱篤市（Châu Đốc）永美坊越南人天后廟。此外，本省還有 6 座配祀天后的神廟，包括龍川市的關公廟與北帝廟、朱篤市的關公廟、新洲市的關公廟、主處女神廟與保生大帝廟。在朱篤市 Núi Sam 坊的「主處聖母廟」（Miếu Bà Chúa Xứ Núi Sam）雖然沒有配祀天后，可是廟前武歸處有懸掛《天后宮》匾額。在許多華人心目中，越南人的主處聖母相當於天后聖母。

芹苴市是湄公河三角洲的中心都會，是整個地區的人流、物流中心，因此華人早期就落地於此。受經濟貿易網絡的支配，該地華人創建了唯一的 1 座天后宮（丐冷郡 Cái Răng 天后宮）以及 3 座配祀天后的關公廟（寧橋郡廣州會館—關公廟、丐冷郡協天宮與 Ô Môn 郡關公廟）。丐冷郡天后宮早期由華人與越人一起建立，總體建築風格屬於越南南部地區的典型神廟，至今由越南人管理。除了三月二十三日天后誕之外，該廟正月十五日還舉辦送瘟節，在天后與王爺的神威下，人們把所有的不好力量送到湄公河裡去。

同塔省位於同塔梅盆地之處，華人稀少。唯國路附近的沙瀝市有一部分華人居住，前後建立了天后宮（七府天后宮，始建於 1885-1886）與福建人祭祀廣澤天尊的建安宮。沙瀝市七府天后宮為湄公河地區建築風格最完美的廟宇，是廣東人、福建人與潮州人風格混融的建築。祭祀對象也有混合性，除了華人共同奉祀的天后、福德正神與關公外，還有廣東人的金花夫人。

隆安省靠近胡志明市，戰爭期間是華人的避難之處，有 1 座越南人天后廟（位於省會新安市）與 1 座廣東人天后宮（位於守承縣縣城）。

守承天后宮跟胡志明市廣東人廟宇聯成一個系統，所以宗教、文化活動都緊密相連。

前江省原為十七世紀末華人早期開發之處，不過，該省作為湄公河流域—胡志明市的稻米貿易水線網絡的重鎮，後來華人幾乎都移居胡志明市，留下的人數稀少。目前，該省有 2 座天后宮與 5 座配祀天后的神廟。丐皮縣城有座五幫華人天后宮，但總體建築風格靠近潮州式。該禮市有 1 座廣東人天后宮，從建築風格、祭祀對象（天后、金花夫人、龍母娘娘）、祭祀活動等方面來看，與胡志明市的廣東人穗城會館一模一樣。配祀天后的寺廟有 5 座，其中 4 座位於前江省省會美湫市，分別為廣東人關公廟、海南人關公廟、客家人關公廟與潮州、福建人共同管理的關公廟。最後 1 座位於州城縣永金鎮，原為華人天后宮，今改為火德星君神廟，配祀天后。

永隆省位於湄公河兩大支流前江、後江中間位置，橫貫其間的 Măng Thít 河把前江、後江連在一起，早期曾為稻米貿易網絡上的一段，所以河流兩邊均有華人（潮州人、廣東人）居住，至今保留著 6 座天后宮，其中有 4 座華人廟宇：包括永隆市廣東人天后宮、平明市中心潮州人天后宮、三平縣雙福社 Ba Càng 村潮州人天后宮、三平縣平寧社美安村潮州人天后廟。此外，還有 2 座越南人天后宮，即永隆省明香會館天后宮、三平縣和錄社 Ba Kè 村天后廟。配祀天后的神廟至少有 3 座，它們分別為茶溫縣縣城福德廟與關公廟、永隆市永安宮—關公廟。永隆省華人以潮州人為主，居住在城市、農村的不同地方，故此廟宇網絡幾乎不存在。永隆市廣東人天后宮跟胡志明市穗城會館、前江省該禮市或隆安省守承縣縣城天后宮一樣，形成一種統一性的風格。

後江省位於後江大盆地中心位置，以往少有華人前來居住，改革開放以來才有一批華人前來定居，做買賣生意。出於宗教心理的需求，他們創建了 2 座配祀天后的關公廟，包括未清市第一坊與第七坊關公廟。

(2) 東海岸圈

也稱東海大沙灘，從檳椥省延伸到金甌半島，包括檳椥省、茶榮省、朔莊省、薄遼省與金甌省。這裡是潮州人渡海直接進入的地區，與前、後江水路貿易網絡沒有太大關係。本圈佔據天后宮總數比例最高，共有 45 座廟宇，佔 65%。

檳椥省本由 3 個大島嶼合成，是湄公河貿易往來的外延，所以華人主要靠瀕海經濟為生計。全省有 3 座天后宮，包括 Giồng Trôm 縣兩座潮州人天后宮、巴知縣兩座越南人天后廟（巴知縣城與 Tiệm Tôm 廟，圖 9）。這裡天后信仰活動呈淡化色彩，巴知縣縣城天后廟現歸入一座大乘佛教寺廟，天后成為菩薩一樣的神靈。在檳椥省，巴知縣縣城廣東人關公廟的神誕辦得最隆重。

圖 9：檳椥省 Giồng Trôm 縣 Cây Bàng 村天后宮（阮玉詩，2016 年攝）

茶榮省位於前、後江最下游位置，其天后廟數量在越南諸省中排名第二，共有 11 座主祀廟以及 10 座配祀廟。其中華人廟宇包括茶榮市天后宮、小芹縣縣城天后宮、Cầu Kè 縣豐富社埔市天后宮、Cầu Kè 縣 Chung Nô 天后宮、Cầu Ngang 縣平新社天后宮、Trà Cú 縣 Đôn Xuân 社真明宮。越南人天后廟有 4 座：Cầu Ngang 縣縣城天后廟、州城縣和順社 Đầu Bờ 村處主天后廟、州城縣永寶社天后廟與 Trà Cú 縣定安社天后廟。在 7 座華人廟宇之中，唯有小芹縣縣城天后宮是廣東人風格，其他都是潮州人風格。州城縣越南人天后廟在建築風格、信仰結構、祭祀活動等方面，與越南阮朝祭神典制的規定極為吻合。Cầu Ngang 縣縣城天后廟是一個多元信仰組合而成的廟宇，正殿祭壇上除了在地化的天后，還有主處聖母、九天玄女以及其他女性神。

配祀天后的廟宇主要是越南人、華人所建關公廟：州城縣和利社關公廟、小芹縣縣城關公廟、Cầu Kè 縣縣城 4 座萬年豐宮、Trà Cú 縣縣城新興宮、Trà Cú 縣咸江社福泰宮、Trà Cú 縣寶安社寶安廟、Trà Cú 縣集山社福勝宮。

另外，值得注意的是，Trà Cú 縣青山社新隆佛寺配祀天后。從茶榮省天后廟的分佈可見，華人（主要為潮州人）居住在該省都市、靠東海之地以及口岸各地。

在整個湄公河地區，朔莊省天后宮最多，共有 16 座，其中朱洋市有 8 座。這 16 座天后宮包括朔莊市天后宮、隆福縣大義鎮天后宮、州城縣安和社天后宮、州城縣 Vũng Thơm 社天后宮、美川縣縣城潮州天后宮與廣東天后宮、Trần Đề 縣圓安社 Bưng Sa 村天后廟、Trần Đề 縣 Ngọc Tố 社天后宮、盛治縣興利鎮通天壇、朱洋市第一坊天后宮、朱洋市第四坊天后宮、朱洋市海魚天后宮、朱洋市永海社天后宮、朱洋市歌樂社天后宮、朱洋市黃圻社黃圻天后廟、朱洋市慶和社天后廟。

在 16 座天后廟之中，有 3 座越南人廟宇，1 座廣東人廟，餘下皆是潮州人廟。州城縣安和社天后宮位於高棉族村落之中，建築風格則顯示出華人與越南人式的風格，天后誕晚會為了能夠吸引高棉族來參與，該廟舉辦高棉戲表演來供奉天后。全省配祀天后的廟宇共有 20 座左右，其中有名的有朔莊市感天大帝廟、Trần Đề 縣 Lịch Hội Thượng 鎮感天大帝廟、朱洋市北帝廟（清明宮）等等。

圖 10：朔莊省美川鎮潮州人天后宮的前景（阮玉詩 2015 年攝）

薄遼省有 7 座天后宮，大部分都集中在一號國路兩旁，包括薄遼市第一坊天后廟、薄遼市第二坊天后宮、Giá Rai 市天后宮、護防鎮天后宮、永利縣天后宮、洪民縣永錄社天后宮、和平縣永美 B 天后廟。其中只有薄遼市第二坊天后宮為廣東人式，薄遼市第一坊天后廟與和平縣永美 B 天后廟是 2 座越南人廟宇，餘下皆是潮州人天后宮。配祀天后的廟宇有薄遼市關公廟、地母宮、九天處主宮、洪民縣 Ngan Dừa 鎮關帝廟等。

湄公河三角洲最南端的金甌省有 8 座天后宮，分別為金甌市第二坊天后宮、太平縣縣城天后宮、Sông Đốc 鎮天后宮、富新縣 Cái Đôi Phố 鎮天后宮、Cái Nước 縣 Cái Keo 鎮天后宮、Cái Nước 縣豐富社天后宮、陳文時縣慶興社 Nhà Máy A 天后宮、Đầm Dơi 縣 Vàm Đầm 天后宮。1975 年前，Năm Căn 縣縣城有座天后宮，因戰爭毀壞現已不存。金甌省所有的天后宮都是由潮州人作主的。配祀天后的廟宇還有富新縣 Cái Đôi Vàm 鎮水神廟、Cái Nước 縣縣城三位廟等等。與其他省市不同，金甌省各個廟宇潛意識地把省會金甌市天后宮當作主廟，進而形成中心-外延的、有次序的網絡（分香系統）。其建築風格、祭祀儀式、天后靈符等方面都以祖廟為中心來對待。

(3) 湄公河三角洲西海岸

這裡是山水相連地區，有平原、山區、大海與島嶼，屬於堅江省。最大的島嶼是富國島。十七世紀末期，雷州半島的鄭玖攜帶家眷與明朝士兵移居此地，其後華人越來越多，主要為海南人、潮州人與廣東人。本區共有 7 座天后宮，包括堅江省省會迪石（Rạch Giá）市海南天后宮、廣肇天后宮、Rạch Sỏi 潮州天后宮、州城縣 Tắc Cậu 鎮兩座天后宮、永順縣天后宮與河仙市瓊府媽祖廟。配祀天后的廟宇有迪石市永樂關帝廟、河仙市關帝廟、富國縣縣城關帝廟等等。按照河仙市民間的回憶，河仙市之前有座客家人天后宮，因戰爭之故而被毀，廟中神像如今配祀河仙市關帝廟。

3. 湄公河地區天后宮分佈的特點

總體來看，受生態環境、交通系統、貿易網絡以及當地社會、歷史的影響，整個湄公河地區的天后宮分佈不平衡。

按照華人漢語系語言區分，湄公河地區共有五大語言人群，最多為潮州人，其次為廣東人、海南人、福建人與客家人。天后早期為福建人所尊奉，越南福建人在北部、中部與南部都建有天后宮，不過在湄公河地區卻沒有建一座天后宮。福建人在湄公河兩大支流前、後江興建了一些男性神廟，包括廣澤天廟、本頭公廟、感天大帝廟等。為何本地福建人沒有修建天后宮？根據文獻記載以及實地考察的結果得悉，福建人主要做稻米買賣與開舖，所以他們主要居住胡志明市與東南部地區的各個城市。由於貿易的需求，一部分福建人移居湄公河地區，不過家眷與財產還在胡志明市區。在他們的眼裡，湄公河地區就是提供資源的地方，生存空間並不在這裡，所以定居的人數少，大部分都與潮州人同甘共苦，和潮州人一起修建天后宮。在某些地方，潮州人或者廣東人先建了天后宮，福建人為了保持本族群特色，修建了男性神廟（廣澤天尊、本頭公、感天大帝等等）。

全區潮州人天后宮數量最多，除了金甌省 8 座天后宮成立分香系統之外，其他各廟之間幾乎互相沒有關係，形成分散性的佈局(圖 11)。有些地方，潮州人人數稀少，建廟之後，由於受信仰圈（大部分為越南人）的影響，其管理方式、祭祀活動、神戲表演等逐漸走向在地化或者受他族文化（越南人、高棉人）的影響。

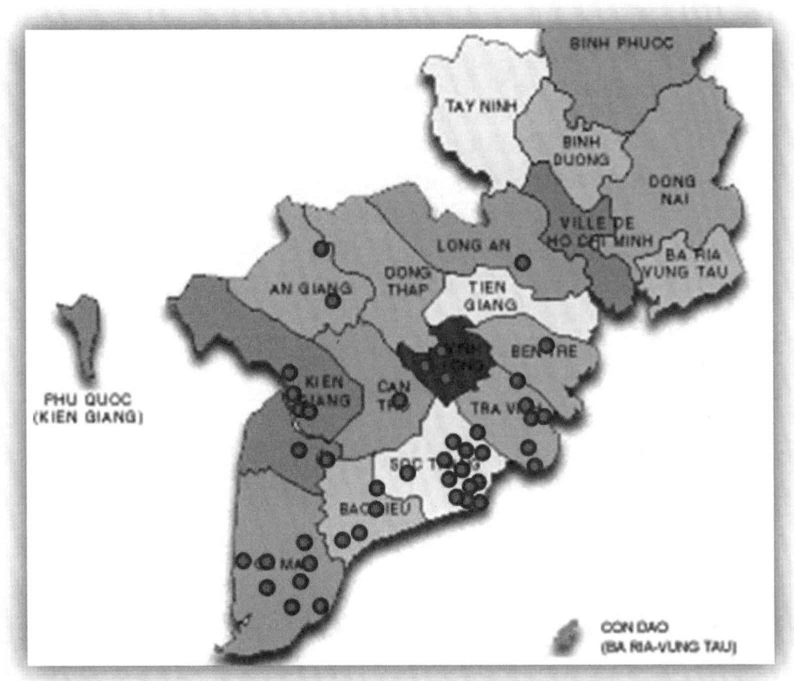

圖 11：湄公河地區潮州人天后宮的分佈（阮玉詩，2016 年）

在整個地區的所有天后宮之中，唯有廣東人天后宮達到全區統一性風格。其統一性體現在建築風格的總體與細節、祭祀對象（天后、龍母娘娘、金花夫人、關公與福德正神）及儀式活動。全區廣東人天后宮有 6 座，分佈為川區國路各重鎮（隆安省守承鎮、前江省該禮 Cai Lậy 市、茶榮省小芹鎮、永隆省永隆市、朔莊省美川鎮、薄遼省薄遼市），幾乎都把胡志明市廣東穗城會館當作祖廟，前後形成縱向網絡關係（圖 12 及圖 14）。

圖 12：朔莊省美川鎮廣東人天后宮的前景（阮玉詩 2015 年攝）

圖 13：中國廣州陳家祠建築風格（阮玉詩於 2008 年攝）

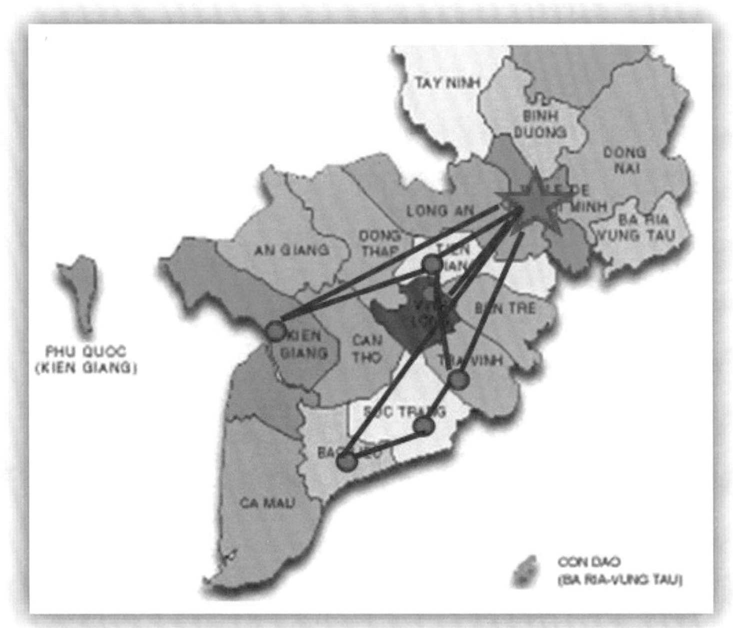

圖 14：胡志明市—湄公河地區廣東人天后宮的網絡關係

越南海南人廟宇共有 15 座，其中有 7 座天后宮，其餘是關帝廟、華光大帝廟。湄公河地區海南人天后宮有 2 座，都位於西海岸堅江省（迪石市與河仙市）（圖 15）。海南人主要經營海岸貿易，在越南中南部海岸各地建立社群，因此廟宇大部分分佈在沿海重鎮，大多興建天后宮來祭祀海南式神明（天后、水尾娘娘、懿美娘娘、一百零八位昭應英烈等）。雖然人數稀少，經濟實力不強，但是海南人在全國建立聯絡會，各天后宮之間保持著比較緊密的橫向關係。

圖 15：湄公河地區海南人天后宮的位置

自十七世紀末開始，越南客家人亦逐漸到達南部地區，如今共有 6 座廟宇，其中 4 座天后宮、1 座祖師廟、1 座觀音廟。湄公河地區只有 1 座客家廟宇，即安江省靜邊縣七山天后宮（圖 16）。客家人主要以兩種行業為生，即中藥與採石業。除了同奈省邊和市寶龍區專門開採石礦之外，湄公河地區的七山地區也有採石礦的客家人。他們在那裡建立了 1 座規模大、具有客家建築風格典型的天后宮。由於距離越南人主處聖母廟不遠，該廟目前頗受旅客關注。

圖 16：湄公河地區客家人天后宮的位置

前江、後江一帶華人稀少，不同方言社群聯合在一起成立七府廟，比如前江省丐皮縣縣城五幫天后宮、茶榮市天后宮、安江省瑞山鎮天后宮與同塔省沙瀝市七府天后宮，幾乎都分佈在湄公河兩支流前、後江兩岸重鎮。對於當地的華人社群而言，天后宮就是華族的文化與靈魂凝聚點。其中同塔省沙瀝市七府天后宮最為典型（圖 17）。該廟風格接近廣東人式，東、西廊顯示潮州人、福建人風格，是越南所有華人天后廟風格混合的象徵。祭祀對像也是混合式的，除了華人共同供奉的天后之外，還有廣東人的金花娘娘，潮州人、海南人的福德正神等等。

圖 17：同塔省沙瀝市七府天后宮（阮玉詩於 2015 攝）

湄公河地區是越、華、棉、占四族人共存之地，各族之間的距離並不存在。混合式的居住方式、緊密相連的生產、經濟與生活使各族之間的文化交流越來越頻繁。華人接受越南人的神明、接受高棉族的南傳佛教與土神崇拜，越南人與高棉人當然也接受華人的民間信仰（包括天后崇拜）。

高棉人雖然接受天后信仰，也很熱心地參與天后宮的信仰活動，但是他們沒有興建任何廟宇。本來南傳佛教內部結構很緊，高棉人宗教精神特別深，不容易放棄本族宗教，轉而信奉另一種新型宗教，所以他們接受天后，但並非主祀天后。

與高棉人不同，信奉北傳佛教的越南人擁有開朗的性格，很快就接受天后，並把天后安排在不同信仰宗教的結構之中。一部分人把她安在自家的神明祭壇上，一部分人把她融入佛教寺廟，與佛祖、觀音、護法神一起受到供奉（往往還有伽藍菩薩、關公一起），還有一部分人則自行興建天后廟，專門供奉天后。全區有 15 座越南人天后廟，包括隆安省新安市兩座天后廟、檳椥省巴知縣縣城天后廟與 Tiệm Tôm 天后廟、茶榮省州城縣和順處主天后廟與永寶天后廟、茶榮省 Cầu Ngang 縣縣城天后聖母廟、茶榮省 Trà Cú 縣定安社天后廟、永隆省永隆市明香會館與三平縣和錄社 Ba Kè 天后廟，朔莊省朱洋市慶和社天后廟與黃圻社天后聖母廟、薄遼省薄遼市中心天后廟與和平縣永美 B 社天后廟、安江省朱篤市永美天后聖母廟（圖 18）。在這 15 座廟宇中，多座建築風格、內部空間的分佈與阮朝神明廟宇典制規定相符，與各村的正統村廟難以區分。除了中間祭壇祭祀天后外，左右兩旁配祀越南神明，如左班、右班、前往、後往、前開墾、後開墾諸神位。茶榮省州城縣和順社人民把天后等同於越南南部民間信仰中的「主處聖母」，因此廟宇命名為主處天后廟，神像的確是主處聖母，不過廟會卻定在農曆三月二十三日的天后誕日。許多廟宇在天后誕時舉辦越南式神功戲（bóng rỗi, chặp Địa Nàng）。永隆省永隆市明香會館本是華人創建，其後逐漸本地化為明香人（明鄉人）會館，其風格近似北傳佛教寺廟。

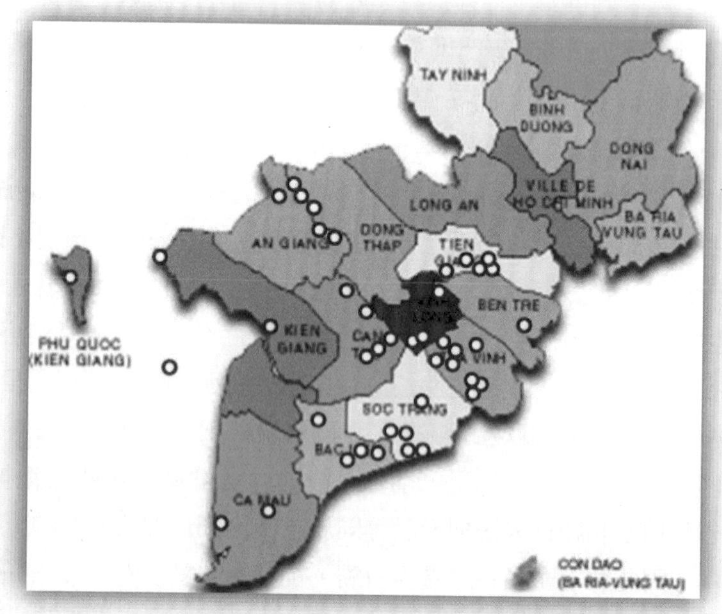

圖 18：湄公河地區的越南人天后廟

茶榮省 Trà Cú 縣 Đôn Xuân 村真命宮是一個非常有趣的宗教信仰群體。稱為「宮」，但其主要風格卻是佛教寺廟風格。整個佈局分為 4 個空間，從正門進去的前兩個空間是佛教正殿與大院子。大院子中間位置是彌勒佛與諸僧人匯聚的佛像雕刻，正殿裡立著高棉祖式的佛像。經過了前方兩空間，就到了後方真命宮與真命廟。左側的真命宮主祀協天大帝關公，配祀頭戴冠帽的天后（圖 19-21）。右側為真命廟，主祀媽祖。根據廟主告知，媽祖是民間海神，「與天后不一樣」，「天后是當官的福神」。茶榮省 Trà Cú 縣是棉、越、華共處並存之地，所以真命宮整體很明顯地顯示出這三個民族的文化特色，相互滲透、互相彌補。

圖 19、圖 20、圖 21：茶榮省 Trà Cú 縣 Đôn Xuân 村真命宮中的彌勒佛、媽祖與關公（阮玉詩於 2016 年攝）

在全區配祀天后的60-70座廟宇系列中，主要男性神包括關公、北帝、感天大帝、保生大帝、福德正神，其中大多為關公，且絕大部分都是潮州人廟宇。在這60-70座廟宇之中，有10來座沒有天后像，而是由「天后元君」的天后牌位所取代。與越南人文化中的關公和觀音一樣，在越南華人民間文化中，關公與天后成為一對典型的陰陽象徵神明。關公成為男人的護命神，天后為女人的福神。以下是湄公河地區典型的配祀天后的神廟：

表3：湄公河三角洲有配祀天后的神廟

次序	廟名	祭祀對象
1	芹苴市 Cái Răng 郡協天宮	關公-福德正神-天后
2	朔莊省朱洋市上帝廟	上帝-福德正神-天后
3	朔莊省朱洋市帝德廟	帝德-三山國王-天后
4	北帝-福德正神-天后	北帝-福德正神-天后
5	前江省美秋市廣肇會館—關帝廟	關公-天后-觀音菩薩
6	前江省美秋市海南會館—關帝廟	關公-天后-觀音菩薩
7	前江省美秋市客家會館	關公-天后-觀音菩薩
8	前江省美秋市朝福會館	關公-天后-觀音菩薩
9	檳椥省巴知縣縣城關帝廟	關公-財帛星君-天后
10	永隆省茶溫縣縣城安樂七府宮	福德正神-孔子-天后
11	永隆省茶溫縣縣城關帝廟	關公-孔子-天后
12	茶榮市州城縣和順社關公廟	關公-本頭公-天后
13	茶榮省小芹縣關帝廟	關公-福德正神-天后
14	茶榮省 Cầu Kè 縣萬年豐宮	本頭功-九天玄女-前後賢-觀音-關公-天后-主仙娘娘
15	茶榮省 Cầu Kè 縣新興宮	福德正神-關公-天后
16	茶榮省咸江社福泰宮	福德正神-關公-天后
17	茶榮省 Trà Cú 縣寶安廟	關公-福德正神-天后
18	芹苴市 Ô Môn 郡關帝廟	關公-財帛星君-天后
19	芹苴市天和廟	關公-天后-李道明祖師
20	朔莊省朔莊市何安會館--本頭公廟	感天大帝-福德正神-天后
21	朔莊省 Trần Đề 縣 Lịch Hội Thượng 鎮關帝廟	感天大帝-神農-天后
22	安江省新州市關帝廟	關公-福德正神-天后
23	安江省新州市保生大帝廟	保生大帝-福德正神-天后
24	安江省新州市關公廟	關公-福德正神-天后
25	堅江省迪石市永樂廟	關公-本頭公-天后
26	堅江省富國市洋東坊關帝廟	關公-福德正神-天后
27	後江省未清市關帝廟	關公-範蠡-天后

表 3 說明配祀天后的廟宇大部分是關帝廟，主要祭祀的對象包括關公、福德正神、天后一組。某些省份由於內部行政管理水準較高，全省華人廟宇信仰活動達成一致，祭祀對象相同，最明顯的是前江省美湫市四個華人會館，都是關公廟，祭祀的對像都是關公、天后、觀音；其次是朔莊省朔莊市周圍地區，男性神神廟主要是感天大帝廟，配祀對象除了天后還有福德正神、神農、本頭公等。金甌半島地區除了 8 座天后宮外，很少見到配祀天后的男性神神廟（之前考查到 Cái Nước 縣三位神廟）。除了男性神神廟外，本區某些女性神神廟也有配祀天后：

表 4：湄公河三角洲有配祀天后的女神廟

次序	廟名	祭祀對象
1	薄遼省薄遼市地母宮	瑤池金母-天后-觀音
2	薄遼省薄遼市九天處主宮	九天玄女-天后-主處聖母
3	朔莊省朔莊市火德廟	火德星君-關公-天后
4	金甌省 Cái Đôi Vàm 鎮水神廟	天后-水母娘娘-主處聖母
5	金甌省 Cái Nước 縣縣城三位廟	西王母-天后-諸位女性神
6	安江省新州市主處聖母廟	主處聖母-瑤池金母-天后
7	前江省州城縣永金鎮火神廟	火德星君-九天玄女-天后
8	堅江省堅海縣南遊群島處主天后廟	主處聖母-天后聖母

在表 4 配祀廟宇中，金甌省 Cái Đôi Vàm 鎮水神廟是個特例。命名為"水神廟"，廟中祭壇中間位置應該是水母娘娘才對，事實上恰好相反，水神坐在左側，右側為主處聖母，中間位置是天后。該廟一年中最大的廟會為農曆三月二十三日，就是天后誕辰。據筆者考察，該廟成為以天后為主的水神廟，是基於其兩種來源：

I. 越南人自己有治水的水母娘娘，華人帶來海神天后，兩者互相彌補。Cái Đôi Vàm 鎮是大河口，老百姓主要以漁業為生，海上安全備受關注，所以除了水母娘娘外，還要祭祀天后。

II. 三位母神分別處於宇宙三層空間：天空、土地、水層，三者代表天、地、人三才說，其中代表著“天”的天后當然位於中間位置。代表土地與水層的則安排在左右兩側位置（圖 22）。與三位水神廟接近的是安江省新洲市主處聖母神廟，廟中祭壇中間是主處聖母像，左右兩側是地母娘娘與天后聖母。茶榮省 Cầu Ngang 縣縣城天后廟也有三才佈局：九天玄女、天后、主處聖母。

圖 22：金甌省 Cái Đôi Vàm 鎮水神廟中的水母娘娘、天后聖母與主處聖母神像（阮玉詩於 2015 年攝）

把整個地區區分來看，湄公河南支流後江以南直到西海岸一帶是以潮州人為主的地區，其中朔莊省朱洋市被命名為“小潮州”。薄遼、金甌等地的老人家特別喜歡娶來自小潮州的兒媳婦，因為“那裡的姑娘很純潔，很有潮州特色”。由於分散性分佈，潮州人天后信仰圈規模不大，相互之間毫無關係（除了上述提到的金甌省天后宮系統）。在 45 座潮州人天后宮系統中，金甌省金甌市天后宮、朔莊省朱洋市、安江省靜邊縣七山天后宮規模最大、影響最廣，可視為本地區的典型天后宮。以金甌市天后宮為例，一年中來訪人數特別多、最熱鬧的有兩個時期：春節前後與天后誕辰。由於接受越南人風俗的影響，每逢臘月三十日，祭祀圈舉辦送天后上天的儀式，意思是把天后送上天去回家團圓。祭祀圈的某一位成員坦言：「她是天后，一年都在金甌，過節這三四天，她要回家團圓」。新年過後，正月初三晚上九點是「恭請聖母下駕回宮」大儀式。數百人（不分越、華、棉族）皆手持香，安靜耐心的等待迎接聖母，並向天后聖母供奉供品（水果、餅乾、花朵等）。天后誕辰則更隆重，整整三天三夜都很熱鬧。祭祀圈除了廟宇理事會的人外，還有社群中的人參與。人們把天后宮周圍四處分為七、八個小區，每年輪流一小區的代表人參與祭祀圈。所有的人都很樂意接受任務，有人將這一任務視為榮譽活動。天后誕辰前幾天，祭祀圈分工走遍全市各區，收取老百姓為天后誕供奉的香油錢。統計後，祭祀圈安排購買祭品、祭物，聘請神明戲團、文藝團、舞龍舞獅雜技團之後，就把餘下金錢購買些豬隻。等到天后誕辰大儀式後，豬隻就分配給前幾日捐錢給祭祀圈的家庭，稱作「天后供品」。由於特別相信天后這位福神，許多金甌市家庭恭請天后神像回家，並安排在祖先祭壇上，跟祖先一樣受到供奉（圖 15、16，阮玉詩，田野資料，2015）。

圖 23：平陽省天后節的繞境儀式（圖片：Báo Lao Động online）

本區大部分天后宮是當地華人會館的公所，因此廟宇不只是宗教信仰的空間，而還具有政治、經濟、社會、教育與文化等功能。最典型的是朔莊省朱洋市天后宮的珠光會，該會負責朱洋市華文學校培青初中學校的華文教育（潮州話、北京話）、當地潮州潮戲團、大鑼鼓隊、舞龍團等社團、潮州義莊與潮州義祠等活動。朔莊省美川縣縣城潮州天后宮前的大院子也是當地華人文康與教育活動中心，該廟理事會正在管理美川大鑼鼓隊、舞龍隊等。金甌市天后宮的理事會也是同心古樂社的主管機構。永隆市廣東人天后宮的舞龍隊連續多年參加永隆省舞龍競賽，都奪得冠軍。關於華文與本族文化教育方面，各地天后宮東西廊往往設有華文學校，比如朔莊省朱洋市天后宮的培青學校、前江省該禮市天后宮的求知學校、茶榮省小琴縣縣城廣東人天后宮的華越學校等等。越南中部沿海地區華人廟宇的左右兩側往往配上義祠的功能，而湄公河地區的廟宇（包括天后宮）不具備義祠的功能。義祠都安排在義莊前方。湄公河以南地區以潮州義莊最為普遍，往往都由天后宮的同一個理事會管理。故此，湄公河地區各地的天后宮就是當地華人社群信仰、文化、教育活動中心。

在不同的歷史階段，天后本身的文化含義也有所改變。渡海或者過河到湄公河的時候，人們祭祀天后是要感恩她在海上保護安全，到達時還需要她保佑落地生根、安居樂業。在抗法、抗美戰爭中，天后轉換為保護神與福神。與關公一樣，天后走進人們的社群之中，天后與觀音一樣，被當作女人的護命神。自從改革開放以來，經濟發達，人們物質與精神生活日趨豐富，天后又一次轉移其象徵意思，被當作真正的福神與財神。天后的文化含義轉變並不具有帶動力的源頭，而是社會轉變的反映。當社會高度發達，民間信仰宗教的功能逐漸從馬斯洛(Abraham Maslow)的需要層次理論最低階段(為了生存與安全)上升到較高的功能（被尊重、得到體現本社群特色的機會等）。

4. 結論

越南西南部地區—湄公河三角洲是一個自然資源豐富、文化多樣的民族歷史文化區，屬越南典型的特殊文化區。在此文化多樣的大型畫作上，越、華、棉各族分別染上本族的文化之花，同時也染上跨族文化交流的色彩。在華人民間文化寶庫中，天后信仰這種非物質文化遺產從華南傳播到這一地區來，在不同地方得到保留，並發揚其價值。作為不同社群的相聚之處，天后宮是信眾祈求福氣、建立與鞏固社會關係以及享受文化、教育資源的地方。當前天後宮被譽為華人文化寶庫。

本文把湄公河三角洲區分為前、後江兩岸、東海岸與西海岸三小區。前後江小區與胡志明市、東南部各地以水路、陸路兩種方式往來，華人經過胡志明市遷移這裡，尋找謀生方式，逐漸定居立業。他們民族豐富，包括福建人、潮州人、客家人、廣東人與一些海南人，前後沿水路與陸路重鎮建立了 15 座天后宮，其中有一些是五幫華人公所的廟宇。東海岸是全區天后宮分佈最密集的地區，大部分都是潮州人廟宇，少數是廣東人與越南人廟宇。該區是東海大沙灘，十七世紀以來華人直接渡海過來，他們分散在各地謀生，前後建立小型天后宮來滿足自己的心靈需求。在 45 座廟中，金甌省的 8 座潮州人天后宮形成了分香系統，顯示出當地華人社群努力構建全省華人相濟的平臺。西海岸由於地形地貌豐富，當地華人主要靠買賣為生，尤其是海南人。該地區共有 8 座天后宮，相互之間沒有建立聯繫。

在華人 5 個方言族群中，湄公河地區廣東人天后宮系列達成統一性，6 座天后宮把胡志明市廣東華人首府穗城會館天后宮當作祖廟，因此各信仰圈之間也形成一種縱向的關係往來。緊隨其後的是客家人與海南人，雖社群數量少，各地信仰圈也有關聯，形成了橫向關係往來。福建人在本地區沒有興建天后宮，信仰天后的福建人一般加入當地潮州人信仰圈或者分會胡志明市加入福建人天后信仰圈。與廣東人統一性形成鮮明對照的是潮州人天后信仰圈，其數量最多、人數最多，但受定居條件、生產與經濟方式的支配，全區潮州人天后宮系列顯示一種強烈的分散性特點。作為華、越跨族文化交流的成果，全區 15 座越南人天后廟從建築風格、祭祀結構、儀式規格等方面都脫離了華人文化圈，轉而與越南傳統民間信仰風格一致。

如果分析整個需求層次結構，華人的天后不只是滿足了信眾的心靈需求（宗教性），而且還具有展現民族文化特色的功能（社會性），那麼越南人天后只扮演信仰宗教的單一功能。因此，從華人天后信仰到越南人天后信仰，這是經過範圍擴大的文化增權與脫去官方文化含義及全民族文化特色重任的文化解體過程。兩種相互矛盾的趨向在湄公河地區同時成立，使得該區成為非常特殊的文化區。

總體而言，按照華人遷移途徑、廟宇之間的網絡關係以及信仰圈的流動性的能力，整個湄公河地區的天后宮系列可分為兩大圈，（1）與胡志明市、東南部各地相連的湄公河兩岸地區；（2）以潮州人為主體社群的湄公河以南的東西海岸地區。第一組接受胡志明市廣東華人的經濟、文化支配，該區特色不明。第二組因獨立性高，本身形成了一個空間，稱作潮州人天后信仰區。與胡志明市、東南部地區的廣東人天后信仰區相比，湄公河潮州人天后信仰區擁有無系統的分散性特點。因此，天后信仰在越南南部湄公河地區以統一性與分散性兩種風格並存，為當地文化多樣性提供了非常生動的文化資源。

☆本文於 2017 年在《海洋史研究》期刊發表過。

第三章
「天后上天與回家」：越南金甌華人天后信仰的變遷與在地化

阮玉詩

摘要

天后是起源於中國福建湄州島的母神，於十七世紀末從華南地區遷移到越南南部各省市，一直流傳與發展到現在，成為當地華人重要的民間信仰之一。在文化交流和社會融合的過程中，天后成為認同越南華人身份象徵的代表。當天后還沒遷移到越南之前，她在宋、明、清三代分別被授予「夫人」、「天妃」和「天后」之稱，不斷地加強其象徵意義與權威。根據美國學者沃森（James L. Watson，1985）的「標準化」觀點，天后聖母在接受國家正統儒家價值觀規範之後，其崇拜成為「標準」的正統信仰。中國封建王朝很成功地利用天后聖母的這一「標準」象徵把其當作管理和規範民間社區的一種工具。

在越南金甌市和其他地區，天后信仰逐漸走向在地化的過程，是當地華族精英們試圖將天后信仰與家庭中的祖先、大眾神明崇拜結合在一起的過程。其動作的主要目的是為了實踐、進行跨民族融合和多元文化的整合。像家族祖先一樣，天后在某些人的家庭中得到崇拜。更重要的是金甌市天后宮在每年春節、初三的晚上都會舉行隆重的大型儀式來「恭請聖母回宮」。此活動體現出的獨特意義主要在於它深受越南人祖先崇拜與灶君崇拜的影響。雖然當地信仰活動受家庭中的祖先崇拜和五祀的影響而展現出禮儀轉變行為，但天后仍然被看作有利於鞏固華人文化認同身份的標誌。參與其活動的人越多，華人社區透過天后崇拜展現出來的「中華特性」就會越深刻。金甌市華人利用虛幻性的混合模式（或者結合模式）來鞏固自己的文化資源與社群的權威，並同時維持了他們在當地社會中的「少數精英」地位。本文將現代人類學中的具體理論，例如 Michael Szonyi（1997）所提出的中國後期的幻象標準化觀念，Melissa Brown（2007）關於區分深層的信仰觀念與實踐禮儀形式的論點，以及 Adam Seligman 和 Robert Weller

（2012）的關於建造文化和解而採用符號、禮儀和共用經驗三種互動因素的理論來概括越南金甌市華人天后信仰的禮儀變革及其性質與意義。

關鍵詞：華人、天后、金甌市、結合、交流、文化認同

1. 天后聖母與春節前後期的雙存儀式

這項研究直接關聯到越南南部地區的天后聖母崇拜。她是一位傳奇女神，最初在宋朝時期，她是一名居住在福建的林默娘仙姑。據傳說，她曾使用神力救助海上漁民與航海員。在她二十八歲去世後被當地漁民、商人以及其他信徒奉為海神。為了不斷加強福建和廣東等邊緣地區的行政管理權威，宋朝皇帝敕封她為「夫人」的稱號，元代升級為「天妃」，最終清康熙皇帝加封她為「天后」（Liu Tiksang 2000，頁 26-8）。這種信仰隨著中國商人和移民在十七世紀晚期抵達越南南部地區的浪潮而傳播到越南來（閱覽蔡茂奎 1968）。其浪潮透過兩條主要途徑入越：（一）、坐船過海到同奈、西貢一帶，然後移居湄公河三角洲；（二）、直接過海到金甌半島以及暹羅灣海岸各地。根據統計資料顯示，越南南部共有一百二十三座天后廟（宮），其中湄公河三角洲有七十五座，包括五十七座華人廟宇和十八座越南人廟宇。位於湄公河三角洲最南端的金甌省有八座。本論文將要探討金甌市中心潮州人的天后宮（圖 24）。這項研究調查了這個命名為全省中心祖廟的信仰儀式轉變及其文化內涵。

圖 24：金甌市天后宮的全景（攝：阮玉詩 2015）

天后的誕辰慶典通常在農曆三月二十三日隆重舉行。金甌市天后宮也一樣，天后誕辰定於三月二十三日，然而，誕辰典禮沒有每年春節初三晚上舉行的大典禮那麼熱鬧。在春節初三晚上的典禮中，上千名不區分種族（越南人、華人、高棉人）、性別、年齡和社會成分的祭拜者都會於晚上十點到十二點左右聚集在天后宮參加集體儀式。他們有人攜帶香火、水果和餅乾來供奉女神，也有人按照個人的計劃在舉行典禮之前參加燈籠拍賣活動。那天晚上有些祭拜者會較早到達本廟跟同鄉人打招呼、交談、討論和分享自己生活中的經驗。在前院的一側，潮州人古典音樂隊「同心古樂社」正等待著為大典禮的到來而服務。華人經典節奏、獅子舞隊也同樣做好準備。各類祭品如：湯圓、壽麵、蛋糕、水果和鮮花等一切都將準備齊全（Phạm Văn Tú 2011，頁 95）。

正式儀式於晚上十點半至十一點半進行，通常在舞獅表演和潮州音樂表演十五分鐘後正式開始。大廳和前院內人擠人，有時甚至能達到兩三千名。每一位給予三炷香，所有人按照典禮主持人的口令一同向聖母鞠躬三次。拜禮結束之後，主持人（使用麥克風）宣讀邀請言：「恭請天后聖母下駕回鑾！」。那時候人們不約而同的，都安安靜靜地分享共同的經歷。當地華人相濟會的會長代表著全市華人精英階層與老百姓進行擲筊儀式。得到聖筊時大家都會大聲的鼓掌。擲不中可以再擲，最多為三次。如果擲了三次還沒得到聖筊，人們認為聖母還不願意回宮，祭祀人要趕回家更換衣服，命人更換祭品，等待半個小時以後再重新舉行典禮。

參與典禮的人們都能夠很容易地感受到儀式前、後將經歷兩種完全相反的氣氛。在典禮舉行的過程中，一股安靜、莊嚴的氣氛瀰漫於整個空氣中，人們都懷揣著一顆虔誠的心。不過，正式儀式結束後又是另一種氣氛：熱鬧與混亂。數十人競相爭搶大殿中間桌子上的供品（鮮花、水果、餅乾等）回家。這場戲看起來就像 Robert Weller 在他的著作 *Unities and Diversities in Chinese Religion*（1987）中所描寫過的「搶孤」現象。許多人手拿著祭禮興高采烈地回家擺在祖先祭龕上，以謀求好運和福祿。典禮於半夜十二點左右結束。按照華人的觀念，天后的「新年」從正月初四正式開始，人們在天聖母的庇護下平安生活。除了金甌市的天后宮之外，各縣城的天后宮也會舉辦類似儀式，不過規模較小，參與者不多。（閱覽 Phạm Văn Tú 2011，頁 97）。

這裡產生了幾個比較明顯的問題。按照越南人的傳統風俗，在正月初三的清晨越南各個家庭都會舉辦把祖先敬送回去的儀式，而為什麼金甌市華人在同一天晚上則設立「恭請天后回宮」的大典禮呢？本地華人同時崇拜天后和關帝，為何他們只為天后舉辦這種儀式而非關帝呢？在正月初三晚上的儀式被命名為「恭請天后回宮」，那麼，她去何地？為何在除夕、春節這兩個最重要的時刻不在本宮呢？當地信徒們認為本宮是天后的家，為什麼春節期間她卻不在家？

實際上，上述儀式僅僅是「回歸」儀式，是春節前、後期間共存儀式的其中一個：「送天后升天」和「恭請天后回宮」。農曆臘月二十四日那天清晨，天后宮華人主要成員與一小組信眾將集合在天后宮本宮前進行送行儀式，隆重地將她送回天宮去。往前推一天，即臘月二十三日，越南人全國家家戶戶都為灶君舉辦「送上天」儀式。華人在隔一天後，也就是（臘月二十四日）會接著舉行類似儀式奉祭天后。灶君與天后一樣都會被送上天。根據民間信仰資料顯示，灶君是一位被任命住在每個家庭中的天官，春節前他必須回天堂向玉皇大帝報導每一個家庭中各成員的所作所為，包括善惡。以便玉皇大帝決定他們的未來前途與壽命長短。在這種情況下，華人將天后與灶神編為一組，都是玉皇大帝手下的天官。這種情況跟越南文化中「Té nước theo mưa 在雨下撥水」這個成語極為相似，意思是讓少數群體主動利用現有的資源來調整自己的一部分行為或者動作以便於邁向大社會、大群體的融合與發展。事實上，金甌市華人積極地利用越南人普通家庭盛行的風俗習慣，將天后與灶君在某種情況下等同起來；然而，他們卻將公眾神明崇拜與家庭中祖先崇拜、灶神崇拜關聯在一起。所以，可以看到金甌市許多家庭在家裡以祖先崇拜的形式設立天后祭龕（參閱 Nguyễn Ngọc Thơ 2017）。而令我們不會感到奇怪的是：此現象其實是一種燒香，在燒香之前，戶主必須透過擲筊才知道天后是否願意被帶回家供奉。給天后燒香在台灣很普遍，可見於林美容（2006）和張珣（2010，頁 8-11）的研究中，不過把天后放於普通家庭中去供奉也確實不多見。

關於天后升天報導的風俗，在我的訪談過程中許多信徒相信天后是天庭的天官，她的初始以及最後一個歸屬地就是天宮。她下凡留在金甌天后宮是來管治全體市民的，每年年底她都必須返回天宮執行她的任務。這點是我們在越南研究天后崇拜過程中感到非常有意思的一個獨特現象。

2. 金甌市：潮州人的生存體系

金甌省位於湄公河三角洲最南端，其省會金甌市自中世紀的時候是一個由高棉族為主的小村落。中國明朝遺臣雷州總督鄭玖（1655-1735）於 1671 年逃於河仙地區，於 1708 年被越南阮主敕封為河仙總督，後來他兒子鄭天賜 Mạc Thiên Tứ（1708-1780）在湄公河流域南部地區進行拓展領地時開發了金甌半島（陳荊和 1960，頁 17）。金甌於 1757 年正式成為何仙總督管轄的地區。按照河仙政權的發展政策，且由於暹羅國王鄭昭（Phraya Taksin）於 1771-1772 年襲擊了河仙城，許多越南人和華人移居金甌半島和周邊地區。自那時起，金甌市成為越、華、棉三族共用之地，其中越南人最多，其次是華人，共八千人左右。

然而，更多的華人是於十九世紀末期，從華南地區坐船到達朔莊省、薄遼省一帶，然後再遷移到金甌地區。二十世紀初，金甌市商業繁榮，使得當地華人成為最為富有的社群。在跨地區的視角下，金甌成為越南南部潮州商人體系中最具代表的一個地區。金甌、薄寮和朔莊都是十九世紀末和二十世紀初潮州人社群（如天地會）的主要活動地盤（Hứa Hoành 1993，頁 126）。當受採訪時，許多金甌華人表述他們的祖先是從朔莊、薄寮一帶搬到金甌的，有親戚仍然留住舊地。「飲水思源」，他們希望後代子孫可以娶舊地的潮籍新娘以利於潮州文化靈魂的保存與傳承。

公元 1916 年由潘赤龍 Phan Xích Long 帶領的有名的天地會在南部西貢被法國人打散後，許多華人天地會兄弟逃命於薄寮、金甌定居下來。法國人為加強對越南各省市的控制，把朔莊、薄寮與金甌隔開，各自成立省級行政系統。潮州人商業體系以及天地會聯盟從此被分裂出去。這種行政手段很大程度上導致了金甌省潮州人社群內部組織的變化。他們不再對跨區域的關係做出回應，反之，主動的形成了從省會到各縣城自己內部的一套社群體系。該社群體系以經濟、貿易為基礎，逐漸深入到文化、社會等各個方面。從此以後，全省天后崇拜社群中也形成了以省會金甌市為中心向外延伸的，中心—外延互動體系。從各縣城等周邊地區的信徒可以透過河流或者內陸運輸系統到達金甌祖廟。根據省級華人相濟會的規定，在中心廟宇舉行的天后儀式是全省各華人社區的代表，一切都由中心廟宇管理委員會決定。這種局面加強了省會華人社群領導人的權威，使得全省華人文化得到系統性與一致性的融合。金甌市華人除了管理天后宮之外，還管理關公廟和潮州式佛教宗派明月居士林寺廟，但是沒有任何廟宇可以與天后宮爭奪其第一的位置。

另一種表述是來源於一個國際焚香單位。二十世紀 70、80 年代許多金甌華人遷移美國加州洛杉磯地區，他們在唐人街建造了一座天后宮，並一直與金甌市祖廟保持著密切的關係。

所有上述事項都充分說明，自二十世紀初以來，金甌市華人精英們很成功地展開了對華人社群的引導工作。在當地精英們的努力下，天后宮年度慶典與所有儀式都由一大群普通人共同組織，他們其中包括相濟會會員、祭祀圈主要人物以及廟會工作人員。其輪流機制對於華人社群內部的團結精神起到了非常大的作用。使得華人相濟會與信仰圈內外關係緊密相連，天后宮的所有活動因而得到穩定與有效的傳承。

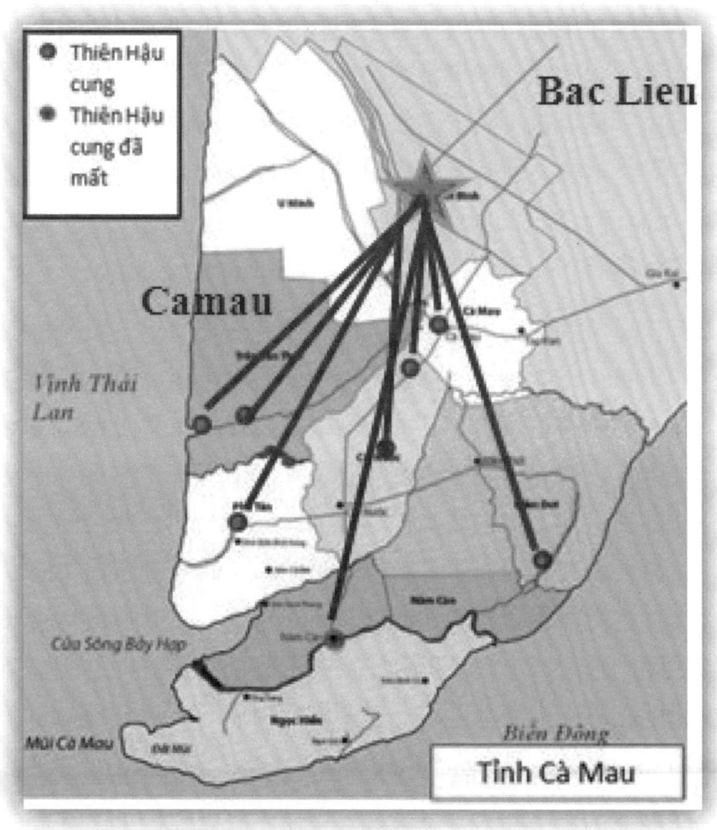

圖 25：金甌省各天后宮的網絡

3. 多方面的禮儀轉變以及公眾崇拜和家庭禮儀的區分

天后研究在東亞和西方學者中極為普遍，特別是在那些專門從事中國學或者中國研究的學者當中。在中國、東南亞、歐美等地區，自二十世紀中下葉以來，數千名學者從不同學科的角度對其進行了研究，各有其特點。本論文承襲了這些研究的新發現，並進一步深入到特定的地區–金甌市，直接討論天后崇拜中的一個具體問題：信仰儀式的轉變及其文化內涵。

天后也是美國學術界多項研究的對象。美國文化人類學教授詹姆斯•沃森（James L. Watson）提出了重要的觀點，認為天后就是中國歷代皇朝認可的標準化眾神之一，神明標準化運動為歷代封建皇朝在邊境地區加強行政管理做出了貢獻。他說："憑藉皇帝的敕封，（天后）她最終成為華南地區的主要女神"（Watson 1985，頁 293-294）。他強調，國家對天后崇拜的宣傳有助於在跨地區和跨社會等級文化的標準化。然而，杜克大學教授 Prasenjit Duara 聲明，由於中國歷代王朝帝王斷斷續續的敕封與加封，關帝成為中國最受歡迎的神明。另一方面，天后聖母則在華南沿海地區成為主要崇拜對象(Duara 1988a，頁 786)。

根據 Richard von Glahn（2004，頁 251-3），中國封建王朝晚期批准了這些標準化的信仰及其宗教儀式（如天后崇拜和天后誕），以使中國文化同一化；對此另一位美國學者 Feuchtwang（1992，頁 57-8）稱其為「帝國的隱喻」(imperial metaphor)。Paul Katz 強調：「中國文化透過實現文化標準化浪潮而達到統一與融合，這裡表露出國家當局和地方精英都分別對於天后女神做出了批准與推廣。」（Katz 2007，頁 71-90）。像許多其他中國神明一樣，天后擁有神聖和凡俗的雙重功能。人們崇拜神明，因為他們不僅具有神聖的功能，而且因為他們還能透過世俗皇帝賦予的封號與官僚機構的推廣跟世俗生活中保持一種緊密的關係（閱覽 Jordan 1972，Wolf 1974，Feuchtwang 1974，Weller 1987，Faure 1999 頁 267，279）。當華人在國外生活時，他們在新的定居地將面對新的困難與挑戰，那時候神明將會給他們帶來信心與力量。神明被看作能夠鼓勵人們的「官僚成員」，可以為其帶來大好的前途。然而，在我的調查對象中，湄公河三角洲的潮州居民都把他們的關帝和天后視為象徵性的神明和地方當家人。他們認為關帝和天后可以永遠為群眾的生活帶來溫暖和福氣。在某種程度上，我們從群眾的思想和言辭中可以深切的感受到神明真的扮演了「調解秩序和非秩序」的角色，同時透過心靈儀式從各個層面促進了跨種族的互相瞭解與團結。

然而，並非所有的信仰轉型都會呈現出中國皇帝所期待的標準化目的。Michael Szonyi（1997）對中國封建帝國晚期福州地區的五帝崇拜做過的研究指出，在國家政策帶動，以及地方官僚的推廣與地方精英們的支持下，福州地區五帝崇拜走向標準化，其信仰被從江西地區傳播過來的標準化五顯信仰從外層覆蓋。不過，當地信眾他們崇拜的對象仍然是五帝而非五顯。所以說，表面上的五顯崇拜只不過是一種簡單的外層形式，或者是一種偽裝的"標準化"，一直沒辦法代替永遠留在信徒心目中的五帝眾神（Szonyi 1997；Guo Qitao 2003，頁 10）。對 Szonyi 來說，由於五帝崇拜的信仰儀式和意義完全沒有改變，因此這種標準化就是個虛幻的案例。他指出，當地精英們和平民透過不同手段可以維持管理大眾崇拜的權力。在某些情況下，地方精英透過自己的智慧用各種策略操縱這一切，其目的：主要是為自己的利益服務。（Szonyi 2000，頁 121）。Guo Qitao（2003，頁 11）還說過，地方精英們與信眾人士才是真正在地方民間信仰的當家人。其中，精英們站在國家當局和普通民眾之間，為雙方進行談判與和解。

公眾的神明與家庭中的祖先崇拜和五祀體系均有區別之處（詳見 Feuchtwang 1974，頁 7）。神明住在神廟，從那裡可以參與世俗的事宜（Jordan 1972，頁 39）。明朝皇帝嚴格禁止公眾崇拜與家庭中的崇拜的混為一體（Guo Qitao 2003，頁 98）。公眾神明與社會公共領域緊密相聯，在某種程度上與政治有關，而祖先崇拜屬於家庭與宗族範圍內（閱覽 Jordan 1972，頁 40；Weller 1987，頁 102）。神和鬼一樣都關聯到公共場所，然而，神被民眾視為世俗世界行政官僚的反映，而鬼則被看作社會中流浪街頭的邊緣力量（見 Jordan 1972，頁 40；Weller 1987，頁 102）。在家庭中的崇拜除了祖先崇拜之外還有門神、井神、灶神、守護神和五祀崇拜。公眾神明崇拜涉及全體社區的結構，但是祖先崇拜和五祀崇拜主要從父系血緣關係上得到傳承。五祀眾神之一的灶神是家中神明，其信仰屬於家庭文化系統中的一個單元（Weller 1987，頁 25，26，30）。在越南文化中，每逢農曆臘月二十三日家家戶戶都設立典禮把灶神送回天宮去，此典禮依舊屬於家庭範圍內的一種儀式。

東亞地區在現代生活中沒有明確地區分公眾神明崇拜和家庭儀式，這種現實允許公眾神明可以滲透到家庭空間中去。關帝在中國大陸和台灣不少家庭中被崇拜為財神。與此同時，他在越南被視為守護神與驅鬼神。同樣，天后也在馬來西亞漁民家庭中受供奉。在台灣屏東地區的某些福建裔家庭中，關帝和天后跟家族祖先一樣都被擺在家裡祭龕上，香火旺盛。在越南南部地區也一樣，許多人在家裡設立供奉關帝、天后和觀音的神龕。在同奈省至少都會有一戶華人家庭在家供奉天后（Nguyễn Thị Nguyệt 2015，頁 218）。在金甌市，數十個華人家庭從天后宮進行分香儀式後就在家裡設立天后祭祀龕。這些人都不是姓林的，但是他們卻不約而同地把天后看為家庭福神與守護神（Nguyễn Ngọc Thơ 2017，頁 257）。因此，公眾神明在當代東亞地區家庭禮儀中的滲透並不是一個新問題，但是，像金甌市華人社區這樣大量群眾把公眾崇拜的天后儀式進行調整，與家中祖先、灶君崇拜等同起來毫無疑問是個獨特的現象。

4. 虛幻並有效的禮儀結合

正如 Edward Sapir（1934，頁 205）所強調，「文化不是某種特定的東西，而是社會成員會逐漸發現和探索的某種東西」。同樣，Robert P. Weller 補充說，「很多文化並不是強調制度化或者意識形態化的。它是透過務實性解釋和重新解釋的過程而存在的」（Weller 1987，頁 7）。因此，大眾信仰與其他生活中的要面對的現實一樣，都是為了滿足實際需求而轉變的。神明和神廟廟會活動為社會關係的各種變化做出反應。

變化可能來源於各個方面，包括經濟改善、政治改革、國家新政策的執行或者被生活水準的提高而帶動。在傳統國家的民間信仰中，地方精英們在執行國家政策的精神前提下做出了各種轉變。Converse（1964，頁 211）說，「精英意識形態比普通人更客觀和合乎邏輯；因此，精英們的信仰"比更注重語境的大多數普通人更具有抽象性和邏輯性的思維」。在具體情況下，精英階層可以運用更加合乎邏輯和加強社會導向的機制改善民間信仰。有人對此參透與引導行為表示懷疑，擔心本信仰內部結構和信心受嚴重的打破。對於這一點， Robert P. Weller 持樂觀的觀點，他說，「意識形態化和務實性的解釋方式確實是給經驗賦予意義的兩種方式，而不是兩種結構化的思想」（Weller 1987，頁 10-11）。

以金甌市華人天后信仰社區為例，信仰儀式轉型的主要驅動力來自當地社會政治的影響，特別十九世紀末以來法國殖民力量與過去越南當局對待華人的政策引起了其變化。在十九世紀早期和中期，越南阮朝為了加強國家安全管理已經對華人社區推進了在地化政策（Riichiro 1974，頁 167；向大有 2016，頁 188），然後 1860-1945 年間法屬時期的「分而治之」政策不斷影響到他們。在 1954-1975 年間，南越西貢政權實施了針對華人的嚴厲政策，嚴重地打破他們的經濟資源（Châu Hải 1992，Wheeler 2012）。戰爭結束之後頭十一年（1975-1986 年）越南實現社會主義國有化政策，中間階段還經歷了一場越、中邊界戰爭，跟其他社會中的人群一樣部分華人受到嚴重的影響，導致了 1970、1980 年代的華人移民事件（閱覽 Amer 1991，頁 126-7）。隨著越南政府 1986 年開始實施改革開放政策的新浪潮，特別是對宗教和當地華人的偏見大幅度減少與消失，華人社群中的經濟文化明顯得到恢復與改善（Tran Khanh 1997，頁 278）。而正處於這個復興機遇關鍵時期，他們卻不得不面對一個新挑戰：由巨大的經濟增長和城市發展浪潮造成的民族傳統文化與民族認同感被侵蝕的危機。

從歷史上看，華人社區及其華、越通婚的後裔（明香人或明鄉人／người Minh Hương）在處理這種侵蝕危機時並沒有採取消極的態度。Charles Wheeler 對越南中部十八和十九世紀明香社區演變的研究表明，在社區精英們的領導下去社群學會了處理和維護自己利益的方案，一方面確保其社群在一直變化的越南社會中之地位，另一方面減少由經濟地位下降所引起的損失。為了防止本族群社會政治地位受到嚴重的侵蝕，該社群主動地從基於利用經濟優勢位置的傳統轉向鼓勵構建和培養文化資源與社群認同力量（蔣為文 2013；Wheeler 2015，頁 143，156）。因此，重新定義民族身份與加強族群認同意識以回應社會變化明確是當代越南華人社區生存和發展的重要方式。

自 1986 年以後，跟其它地方的華人社群一樣，金甌市的華人必須尋求一種方式以謀求自身未來的發展。為了適應新興浪潮，他們便把傳統文化更改了一部分，特別在是深刻涉及到實踐生活中的實務性文化層面。以便於當地天后信仰，神誕儀式於 1986 年後重新煥發活力，並被改造為可以同時表達本民族文化特色與跨民族文化交流的一個契機。因此，重點儀式必須以傳統華人風格進行，伴隨著潮州古典音樂和舞獅、舞龍活動。普通家庭輪流參與廟會組織工作的機制是為了確保每個家庭都能夠意識到他們為天后供奉儀式的特權和責任。透過參與組織工作，人們可以意識到，當他們自己做出良好奉獻時會感覺到溫暖和勇氣。此外，透過傳統文化的恢復與發揚，當地華人民族身份也得到了改善和提高。除了天后宮各種廟會之外，當地華人社區清明節對民族文化復興也作出了龐大貢獻。清明節期間，人們不約而同的在當地華人集中的墓園舉辦隆重的祭祖活動，引起了當地人民的廣泛關注。許多家庭會花整整一天時間在先祖各墳墓進行祭祀活動，午餐有時也是在墓葬旁邊享用的，象徵著無形的祖先跟其子女一起享用家庭團圓宴。

在跨民族關係的層面來看，為了增加與當地越南人和高棉人的感情與文化分享，華人精英們決定除了每年農曆三月二十三日的天后生日慶典之外在春節前後還舉辦天后儀式好讓不同民族的信眾可以一起分享信仰宗教、文康活動。這種增加的流程很久以前就已經存在，但從 1986 年以後才變得更加重要。其一是這一重點轉變已經產生了許多有效的影響。春節期間更多的人參與活動，其共同分享的狀態得到更多人的參與。更重要的是，天后供奉儀式重點的轉變正好符合於越南文化中的成語「雨下撥水」，使得天后崇拜成為一種跨文化空間的文化現象。

圖 26：金甌市天后宮農曆新年初三晚上迎天后大儀式（阮玉詩 2015 年攝）

臘月二十四日舉行送天后回天宮的儀式和春節初三晚上恭請天后回宮大典禮與越南人灶神和祖先供奉儀式都是一樣的風俗。新年正好是家庭團圓的時間，其活動在世俗世界與神靈世界是同時進行的。在通常情況下，越南人會在臘月二十三日早晨舉辦告別灶君的儀式，然後臘月三十日上午又隆重地恭請灶君與祖先回家來。祖先與灶君回家過節代表著家庭團圓與幸福。祖先在家裡過完節後於正月初三上午被子孫透過年初儀式送走。而天后，金甌市華人會在臘月二十四日舉行告別儀式，然後，在正月初三晚上又迎接她回來。之前說當地華人把天后信仰、供奉意識與灶君和祖先儀式等同起來，那為何在時間安排上會有差距呢？

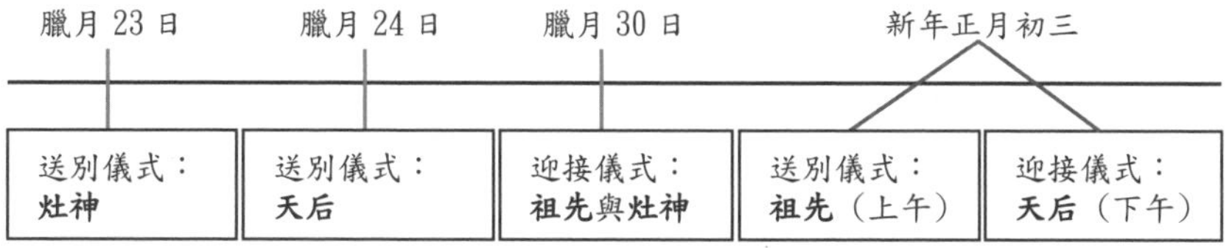

圖 27：越南金甌市華人的送神與接神時程

透過連續參與 2014 年，2015 年和 2016 年的天后宮春節迎神活動，我們發現了隱藏在其下的另一種論述（discourse）。天后被看為華人族群中具有約束力的社區圖標和民族認同標誌，因此，天后要區別於灶神，她的送別儀式要安排在灶君節（臘月二十三日）後的一天（臘月二十四日）。從臘月二十四日至臘月三十日，天后扮演著天官的角色，但從臘月三十日至正月初三她又扮演回祖先的角色。所以，臘月三十日當人們舉辦迎接灶神回家的時候天后還不下凡回天后宮，她要回她自己的老家。在接受採訪時，許多華人（包括精英們與普通民眾）都認為天后的老家在中國（福建湄州島），當她完成天官的任務之後就趕回老家去。她福建老家當天（臘月三十日）有人為她舉辦迎接回歸的典禮，她必須回老家團聚，所以春節期間她"暫時不回金甌來"。正月初三上午當人們為祖先舉辦告別儀式，湄州島那裡也有人為她舉辦同樣的典禮，她走路回金甌需要花一段時間，因此金甌市華人只能在初三晚上隆重舉行"恭請聖母回宮"大典禮。這樣的安排非常合乎邏輯，恰好可以配合上當地越南人過節的傳統風俗，就像"雨下撥水"的情景。

在天后回家故事的背後還有另一種說法，其儀式結合隱藏著當地華人的另一種心思：懷念故鄉的情懷。舊日華人都銘記著回鄉的希望，然而，隨著落地生根的實踐生活經歷以及文化傳承的演變，這一願望逐漸淡化，但並不是完全消失。反而，他們把這種想法隱藏在天后春天回家的儀式上。在這種情況下，金甌市華人已經把自己要回家的觀念演化成為“天后回家”的風俗。因此，可以說這種儀式緩解了過去和現在在回鄉意識和紮根所在地的願望之間的心理矛盾。他們用這種方式包裹自己的思鄉情緒，並同時保留了他們對於新家鄉的愛與期望。像越南中部地區的明鄉人一樣（閱覽蔣為文 2013 與 Charles Wheeler 2015），越南華人試圖組成一個擁有特權身份和文化傳統濃厚的少數民族。此外，此案例與林美容（2006）和張珣（2010）此前在台灣的研究指出有不同的現象。最近台灣西南部媽祖信仰圈朝拜團到福建湄洲祖廟踐行媽祖“回娘家”活動，而越南的華人不一樣，他們採用“天后春節回家儀式”包裹了他們關於故鄉的感情。

圖 28：金甌市天后宮農曆新年初三晚上迎天后大儀式：求福

（阮玉詩 2015 年攝）

顯然，人們把自己在實踐生活中使用、操縱和創造文化當作為日常生活的一部分（閱覽 Charles Weller 1987，頁 172），這需要他們對日常文化現實的內部結構與信念採用一種彈性的解釋。金甌市華人透過禮儀賦予了其新的意義。因此，基於背景的解釋方式對於瞭解文化隱藏在內的論述是特別必要的。通常，不同論述不會同時表現出來，反而使它們形成了多層面的分裂結構。表面上看得見的文化現實色彩（例如金甌市華人在天后宮舉辦廟會時展示的傳統音樂、舞獅、服裝和食品等），而深度論述往往被隱藏在其下面，探索時需要花費許多精力與時間來思考、發現與解讀。當我們把天后春節前升天與春節後兩個儀式與灶神和祖先崇拜的風俗放在一起才能發現天后升天向玉皇大帝報告與天后回家的兩大論述。天后在春節之前當作灶神一樣的天官。並在春節期間扮演祖先的角色。

雖然春節前後的天后儀式被利用作為跨民族交流和聯繫的"管道"，但一年一度的天后誕辰慶典絕對是用來表達華人傳統文化的場所。如果春節前後雙存儀式是金甌華人的獨特風俗，那麼，農曆三月二十三日全國各個地方的天后誕辰慶典其儀式結構、祭祀程式與祭品都大同小異（Nguyễn Ngọc Thơ 2017）。正如 Watson（1985）所表明的那樣，與不同社會群體有關的天后的各種表現並沒有掩蓋她的「標準化」象徵性特徵（Guo Qitao 2003，頁 10）。在金甌地區天后已經朝各個家族文化群體邁了一小步，為華、越、棉三組文化搭建一座橋樑。無論如何天后仍然是一位公眾女神，仍然擁有華人文化特色。這種儀式混合與區分表明了所謂的「連結的關係」（joining relationships），其中「任何一個組織的各成員之間一方面必須保持友好關係，但另一方面又堅持獨立性」（Radcliffe-Brown 1952，頁 90-104）。使用杜維明（1994）的術語，這種儀式混合可以被視為「對話式的想像力」（the dialogic imagination），其中思想和實踐行為經常在爭論和重新解釋過程中表達出來。華人試圖把本族傳統文化與其他民族文化溝通與融合。

當人類更加努力的去瞭解對方時他們所要面對的是更多的界限與矛盾。按照 Seligman 與 Weller（2012，頁 8-9）的理論，人類處理界限與矛盾時所採用的符號（notation）、儀式（ritual）和分享經驗（shared experience）就在上述三種範疇之中，金甌市天后信仰的禮儀變革正處於儀式的外圍（而非深層核心與內部結構），幾乎沒涉及到符號，不過它已經達到分享經驗的目的。所有祭拜者都進入了當地華人精英們設計與引導的儀式中，一起分享社區的感情與信仰。當地越南人和高棉人以自己的實際要求對天后和天后儀式進行解釋和意義描述。在他們的心目中，天后是一位仁慈的母神，就像民間文化中的觀音菩薩似的。跟其他地方的天后廟會比較，金甌市春節期間天后升天與回宮兩大典禮在某種程度上已經達成了超越跨民族文化的界限。這並不是說其界限與矛盾不存在，只是參與者從模糊的界限與矛盾中找到了多邊能夠分享的經歷與經驗。此案例指出變更的因素是文化行為的外形層面並不是深層的理念，因此在本質上，文化融合現象正處於文化交流而非同化的局面（參見 Brown 2007，頁 91-124）。

另一方面，隱藏在金甌市天后儀式中的調整與交融是各種距離和緊張關係，包括當地華人不同方言族群之間、華人與其它民族之間、民間與官方之間的關係以及他們自身的思鄉情結與落地紮根的現實生活之間的衝突。所以，為了跨越這些矛盾，具有智慧的華人精英們提出改造天后崇拜的一部分儀式，引進了「雨下撥水」的案例。天后這位天神透過一部分更改之後便被賦予了家庭文化的價值，從而使她更容易被接受和尊敬。自從殖民時期以來潮州人聯絡網遭到崩潰之後，正處於面對民族文化侵蝕危機之際，金甌市華人精英們很巧妙地調整與提高了當地華人社區文化的傳承與發展水準。據近期的研究表明，朔莊省潮州人試圖將本族民間信仰—神明（天后、玄天大帝）重塑成為靠近傳統佛教的眾神，儀式上越來越渲染佛教（而非道教）色彩，從而受到當地其他民族的關注與接受。同樣，同奈省邊和市客家人為了踐行跨族融合而把原始手藝三祖師信仰「標準化」使其與「內祖外聖」的祖師—天后混合。

Michael Szonyi（1997）和 Guo Qitao（2003）強調，地方精英在對民間信仰和儀式行為進行標準化時，最終模式都是從國家中央朝廷開始的（Guo Qitao 2003，頁 196）。本研究指出不一樣的情況，金甌市潮州人以自下而上的方式對民間文化進行改善與增權。在戰後艱難時期的經歷與傷痕一部分可能還銘記在人民的記憶中；不過，當前的社會發展狀況與樂觀的前景不斷地推動他們邁向社會大融合。

5. 結論

作為少數民族的一部分，金甌市華人在社會整合的途徑下擁有很多空間來建造與構建其美好的生活方式。這種流行趨勢一直是在社會發展的帶動和地方政府（尤其是 1986 年以後）的鼓勵下產生的。自十九世紀末以來，當地華人精英們悟出了一個道理：在社會轉型的過程中將基於經濟的資源轉變成為基於經典文化傳統的力量，從此進行民族認同感的重新組合。他們積極地將天后聖母的象徵意義和禮儀、儀式與當地家庭中的民間信仰進行了調整以便於走向社會大融合。天后信仰轉變之後吸收了祖先崇拜和灶神信仰等家庭禮俗的各個方面，其動作建造與促進了跨種族的友誼與文化交流。

然而，這種儀式結合明確地表示出一種虛幻性的轉變。或許說是一種「雨下撥水」的動作。它允許人們在很大程度上分享禮儀體驗和感情。其深層的信仰（或觀念）仍然保留在天后聖母符號本身的結構中，使得天后這個標準化神明的中國特性因素在華人社區中得到完好的保存。這種儀式結合揭示了一個重要的矛盾，即當儀式辦得更加開放、其影響範圍跨越種族界限時，該信仰本身內部結構和文化認同感得到更加鞏固與加深。社會關係是透過由地方精英建構與指導的共同儀式進行調整與解決的。金甌市的華人民間信仰透過創造一種跨文化空間範圍與跨越種族的虛幻性禮儀混合扮演了美好的社會功能。即使信眾他們對天后與天后盛會缺乏充分的理解，但，透過共同分享儀式的經歷也會讓他們產生與華人同樣的感情。涉及神明的象徵性行為可以當作社會及文化融合的手段，它在當地精英們的指揮下促進跨階層和跨種族交流與融合。其文化現像是以自下而上的方式建立的，它在某種程度上以確保某一個民族的文化能夠走向多文化交流與融合，而非面臨被同化的結局。

☆本文於 2019 年發表在中國莆田學院《媽祖文化研究》期刊。

第四章
越南金甌督河鎮漁民社群的天后信仰

阮玉詩、楊黃祿[1]、魏瑾媛[2]

[1]越南胡志明市國家大學附屬社會科學與人文大學宗教研究中心主任。
電子信箱：locphuongsiss@yahoo.com.vn
[2]中國重慶西南政法大學 國際法學院講師 中國-東協法律研究中心助理研究員。
電子信箱：943147739@QQ.com

摘要

督河（Sông Đốc）是越南金甌省（Cà Mau，越南最南端的省份）的重要漁港，是越、華、棉三個民族共同生活的捕魚社區。海員在海上捕魚時面臨許多風險，會對漁民的心理產生影響，促使他們尋找到堅實的心理支持和護身之力量。在當地人的心理上，觀音和天后聖母是兩個重要的女神，她們都扮演海上守護神的角色。觀音與佛教息息相關，幾乎在每個家庭中受到崇拜，當地漁民便在督河海門旁豎立觀音雕像，出海之前前往祈求平安。而天后跟觀音不一樣，她卻是位社群神明，同時受到當地漁民和商人的崇拜。像許多在其他地方崇拜天后的社群一樣，農曆三月二十二日至二十三日的天后節也是當地的主要節日。

本文介紹了督河捕魚社區的天后聖母聖誕儀式的過程和主要涵義。天后節日的亮點和獨特之處在於當地船主的熱情參與，使得節慶氣氛十分熱鬧。天后廟和天后節起源於當地華人的傳統文化，逐漸成為當地三民族共有的精神財產。在越南全國，天后聖母早已被定位為城市區貿易社群中的福神，然而在金甌督河漁民社群中仍然保持海上女神的地位。這一特徵使天后在督河社區的特色鮮明，更加貼近了福建或台灣漁民的傳統，與越南其他天后朝拜社區截然不同。

關鍵詞：天后聖母、督河、漁民、海上捕魚

1. 引言

對於越南南方居民，特別是在當地的華人社區，天后是一位親切的母神，在他們的文化生活中發揮著重要作用。在生活的許多方面都表達了對天后聖母的崇拜，最引人注目的是在從同奈、平陽、胡志明

市到最南端如朔莊、薄遼、金甌等的許多地方舉行的天后聖誕的慶祝活動。

本文介紹並分析了一個具體案例：位於金甌省陳文時（Trần Văn Thời）縣督河鎮的天后聖誕儀式。督河鎮是一個漁民社區，它擁擠的船隻和繁忙的碼頭使得該鎮成為一個重要的漁港，吸引了湄公河三角洲內外許多省市的漁民和商人往來。在督河鎮目前有 243 名華人，大多數都是潮州人（截至 2016 年）。

文化一直與每個地方的環境和社會經濟特徵有著密切的關係，因此對地方社區宗教文化的解釋必須基於特定的背景。實際上，這裡的天后聖母誕辰禮會與海洋生活和漁民社區活動息息相關，生動地展現了越南南部沿海地區一個充滿活力的捕魚社區的需求。

越南沿海地區有許多漁港，為何只有督河鎮（和其他一兩小規模的漁港）崇拜天后？胡志明市、會安、朔莊、薄遼、金甌等城市崇拜天后的社群都把天后聖母看作都市社區商業的福神，然而督河鎮漁民們把她視為海上保護神，兩者之間是否有衝突？作為多民族共同擁有的精神財產，督河天后聖母在節日中如何展現其多文化背景呢？

越南天后信仰圈範圍越來越廣，主要為都市化生活的興起與貿易的繁榮。經過三百多年的歷史，天后聖母成為越南華人民族文化凝聚點以及民族文化特色的一種標誌（閱覽 Nguyễn Ngọc Thơ 2017）。不過，當我們走入特定的場合去深入調查與探索，我們可能會發現到「另一位天后」。除了這些框架功能和含義外，天后和天后信仰還由某些特定社區以自己的方式進行解釋。特定的社群文化不一定起源於被高度制度化或者被強烈意識形態化的文化主流，“相反，它是作為一種實用的解釋和重新解釋的過程而存在的”（Weller 1987，頁 7）。所以，要瞭解督河鎮漁民社區對天后信仰的解讀，我們不得不走進社區中去探索當地居民的各種文化動態和解釋。

圖 29：金甌省督河鎮天后宮前景（阮玉詩 2015）

2. 天后聖母週年聖誕節日：時間和過程

天后聖母週年聖誕節日在金甌省陳文時縣督河鎮天后宮舉行。當地人也稱此廟為督河天后廟。該廟是全金甌省 8 座典型性的縣級廟宇之一，其聲譽與活動規模僅次於金甌市天后祖廟 [3]。一開始華人從薄遼市到金甌市購買魚乾，一部分人定居於此，並於十九世紀末建起了金甌市天后宮。繼金甌市之後，各縣城、鄉鎮陸續設立，跟海鮮、魚乾有關的貿易越來越繁榮，一部分華人從金甌市於 1920-1930 年代移居督河鎮。督河天后崇拜社群和天后宮便是如此成立的。至今為止，

[3]關於金甌市天后宮的信仰活動請閱覽阮玉詩、阮氏麗姮（2018，頁 33-44）。

督河天后信仰圈跟其他縣級和村級信仰圈一樣，都把金甌市天后宮看作祖廟，在儀式典禮、信仰操作規格等各方面都是從金甌市天后宮模仿下來的。不過，唯獨督河天后信仰圈沒向祖廟學習的一點，就是年度漁民天后誕辰的活動。全金甌省督河鎮是最大的漁港，因此督河鎮社區是全省最大的漁民社區。

天后誕辰禮會一般於每年的農曆三月二十三日正式舉行，形式與內容非常豐富（閱覽林祖良編選 1989；林美容 2005、2006；廖迪生 2000；蘇清華、劉崇漢 2007、2008；Nguyễn Ngọc Thơ 2017），督河鎮天后宮也一樣。這是金甌省陳文時縣督河鎮天后宮以及金甌省所有華人天后宮的最重要崇拜。總而言之，這裡的天后誕辰儀式是一個吸引了很多參與者的禮會，是根據華人傳統風俗精心舉辦的。

從農曆三月二十二日上午到二十三日下午，天后宮管理委員會也聚集在一起，為舉辦一個非常嚴肅的神誕節做準備。人們會清洗壇子、香爐和其他用具，懸掛上新的香卷，擺上新鮮水果、花朵、餅乾等，尤其是在大廳裡展示聖母的新外套和皇冠。那天下午，他們準備了傳統的祭品供奉天后聖母和廟裡的神靈，包括壽餅、白糖糕、糖水和黃寶湯圓。傍晚，當人們齊聚一堂時，興義堂（Hưng Nghĩa Đường）舞獅隊還會進行舞獅表演，為禮會增添熱鬧的氣氛。

這時，廟宇管理委員會的所有成員莊嚴地聚集在廟門前天地父母壇之處進行進香儀式，其他進香的社群則站在後面。接下來，他們輪流著向觀音像（也立在廟門前方之處）進香。門外儀式結束後，所有人都進入大廳，向天后聖母和廟內的眾神（城隍本境、福德正神和天虎帥爺等）祈禱。之後，所有人都到廟門外右側的火德娘娘祭壇行禮，最後再向先賢靈位進香。到此階段，進香儀式結束，督河鎮華人相濟會會長在天后尊像前跪著進行占卜儀式，以請求天后聖母對她自己沐浴儀式的神意。在沐浴儀式過程中，所有男人都會到廟外處飲茶和交談，而女人則在裡面鞠躬並等待。人們在聖母的祭壇前蒙著面紗，為一些年長的華人婦女準備清水，以沐浴雕像和換衣服之用。沐浴儀式結束後，大家聚在一起喝糖水、喝茶和交談，而其他一些人則聚集在裡面要取沐浴以後的聖水帶回家。

在農曆三月二十三日主祭日的早晨，委員會成員都會早起準備儀式。他們非常注重在天后聖母的祭壇上展示傳統祭品的齊全性和周到性。祭品包括：酒、茶、香燈、茉莉花、大福錢、五果盤、米餅、壽餅、長壽麵包、麵條、一盤素食、潮州式湯圓、烤豬肉、五牲物（魷魚乾、鴨蛋、雞蛋、煮熟的豬肉和蝦）。大約在上午九點，大家都聚集在天上聖母的祭壇前，開始焚香，像前一晚一樣，莊重地向祭壇祈禱。禮儀主持人是委員會副會長，他用潮州話閱讀祭文。

其中最莊重的是在殿堂裡向天后聖母獻香和禮物的大儀式。按照次序，會長跪下來獻上香、茶和鮮花，然後向聖母獻上傳統的祭品。完成後，大家坐下來喝茶與交談，最後參加在廟宇現場舉行的宴會。在這期間，直到農曆三月二十三日晚上，許多當地人繼續拜訪該宮，向聖母進香與祈禱。他們帶來很多東西，例如水果、香火、紙錢、糯米、烤豬等，同時自願的把供錢放到天后宮裡。其中特別的是，在祭壇上還佈置了許多越南人獻神的傳統禮物，例如糯米和檳榔。

儀式活動一直在幫助人們治癒心理和精神創傷，促進個人和社區不道德行為的標準化，有助於擴大人際關係和治癒關係，直接或間接創造穩定的社會環境並走向發展。具有重複和“刷新”精神狀態的儀式活動得以形成和持續，以創造新的動力來幫助人們面對挑戰與困難。那麼，督河鎮天后信仰如何陪伴著當地漁民與漁業呢？

圖 30：督河漁港的船舶壁畫（督河鎮天后宮，阮玉詩 2015）

3. 天后聖母儀式在督河漁民社區社會文化生活中的作用和意義

觀察 2015 年的神誕典禮時，我們發現參加典禮的有很多不同的社團，例如貿易、農業、蝦類養殖等領域上的人士。他們不限於當地華人，還涉及到越南人、高棉人。他們祈禱的目的是希望能過上和平的生活，獲得健康、財富和運氣。但是大多數來祭拜的人或是督河漁場釣魚的船主。透過我們的實地考察，當地以及其他省市的船主也會帶禮物（鮮花、水果、黃金、香燈等）來祭拜，並且，如果在過去的一年中在各自的行業上取得非凡的成就時，他們還會帶整整一隻烤豬來供奉天后。船主從農曆三月二十二日下午至二十三日晚上輪流著進行進香活動，其中大多數人為聖母供奉金錢。三月二十二日晚上聖母沐浴儀式後，許多船主向該宮委員會索取沐浴後聖水，拿回家清洗船隻頭部，以期避免出海捕魚時的災難。按照 Greg Downey（2015，頁 45-62）和兩位作者 Bull & Mitchell（2015，頁 8）的說法，具有一系列重複性與週期性行為的儀式有助於成為人類精神的寄託，有助於形成神經系統自我複製或自我管理的形式。船主取神水清洗船隻，這便是一種精神上療法的展現。

聖母護身符在金甌省天后信仰圈極為流行。一般來說，縣級和村級天后宮都向金甌市天后祖廟模仿護身符的設計和規格。有些小型天后宮完全不印符紙，天后神誕之前前往金甌市天后宮大量取符回村使用。督河天后宮按照祖廟護身符規格自己印符，其符是黃色的，上面印著紅色的漢字：「玉印天后聖母敕令靈符鎮眾生平安」。當地有大、小兩種類型的護身符。大護身符的寬度大約為一英寸，長為兩英寸，小護身符僅佔大護身符的一半。在家裡，人們在大門上貼一個大護身符，而在窗戶、側門等地方貼上小護身符。督河鎮的許多船主取符貼在他們的船隻上：大護身符貼在祭壇上，小護身符貼駕駛艙後面。

大多數漁民來到廟裡祈求天后聖母保佑他們的捕魚活動，特別是保佑海上的航程。這表明他們對天后聖母充滿信心，希望當他們在長時間的海上航行時，倘若碰到意外的事情會有聖母保佑。督河漁場豐富，吸引了許多省市的漁船。上世紀 80 年代初時許多來自中部地區的漁民來到這裡捕魚。特別是在 1997 年第五號颱風發生後，當地漁民投資大量資金建造大型馬力船，以供出海捕魚。因此收穫的成果比以前更多（田野調查資料，2015）。當前的督河漁港匯聚了許多漁民和漁業區，使其成為一個經濟繁華、民風多樣性的沿海鄉鎮。這便是當地天后以及其他諸神（南海將軍、水龍聖母等）崇拜發達的主要原因。與在金甌省和整個越南的其他天后廟相比，督河鎮天后宮每年農曆三月二十三日天后聖母的誕辰儀式存在著特殊的特點。這表明人們在不同經濟、社會和文化環境中將運用不同的精神心態來解決自己未解決的困難；同時，他們會根據自己的實際心理狀況來對待神靈與讀解神靈權威。越南著名學者吳德盛（Ngô Đức Thịnh）教授（2017，頁 14）確定如下：「所有的信仰、習俗和宗教情感都是在特定的自然、社會和文化環境中產生和存在的...。他們與主導他們的文化的思維和感覺方式綁定在一起。」因此，在省或區縣一級，沒有一個單一的框架來解釋神聖之神的象徵意義。

督河鎮的天后崇拜被當作當地華人社區保存和表達其傳統文化價值的管道。首先，天后誕辰用的祭祀物品都是華人（潮州人）社區的傳統祭品，也是民族文化的象徵。比如，潮州糖水（水圓／chè ỷ）由以圓形、紅色與甜味為基礎，代表著運氣，飽腹和幸福。潮州片米餅也是一種獨特的祭品。大米做的片米餅用白紙包裹之後貼上大紅「福」字象徵天后聖母的賜福。長壽蛋糕（壽桃）以桃子的形狀製成，外表為粉紅色，看起來非常漂亮，代表長壽。白糖糕被當地潮州人稱為「發葵」（發粿），意思為發財與繁榮。奉獻給天后聖母的祭品還有紅色的對聯，上面寫著「福如東海、壽比南山」、「答謝神恩」、「保我黎民」，「闔家平安」等成語。這些傳統的禮物代代相傳，使子孫後代可以繼續傳承其祖先的文化。

天后信仰的各種活動涵蓋了同一社區的所有成員，也包含了社區之間成員一年經歷的分享。一年一度的天后誕辰節是反映社區願望和反映當地經濟和社會生活節奏的圖片，也是社區振奮精神、增強自身能力以應對未來挑戰的機遇。黎紅理（Lê Hồng Lý）教授（2008，頁60-61），另一位文化學家，強調說：「傳統節日對人類的文化社會生活和精神生活做出了很大貢獻。它同時滿足了眾多居民繁榮多樣化的需求，包括對祖先權力的信念和期望、人與人交往、享受和加入文化創造力、觀光、購物、享受美味佳餚、享受娛樂活動、自我反思，以瞭解廣大社區的獨特特徵等」。

擲筊、向天后借錢、取護身符、向窮人分發稻米等習俗是華人宗教機構（包括督河天后廟在內）很普遍的活動系列，被當地社群看作一種特殊的文化特色。這是為了顯示人與人之間以及人與神之間的依戀和交流。在督河天后節上，我們看到儀式的主持人是當地華人協會的副會長，是一個潮州老人家。他在儀式中宣讀天后聖母祭文使用的語言為潮州方言，這一點顯示出該社區對保留傳統華人語言和文化的決心。如上所述，在金甌市天后宮對督河天后宮（以及全省所有天后宮）的儀式形式和內容具有重大影響。這顯示了整個金甌省華人社區的團結心、紀律精神和維護傳統文化價值的意識。這個特點是金甌省的天后信仰社區的獨特之處，因為越南其他地方的天后信仰社區經常根據其他同一方言聯繫在一起或與同一地區的相鄰信仰社區橫向連接在一起，而不像金甌省那樣形成一個完美的橫向結構。

作為當地華人保護重鎮，督河天后宮信仰圈特別注重維持和發揮華人文化，不過由於跨族文化交流，許多方面逐漸走向在地化。廟宇委員會大多數成員是華人，但近幾十年來，當地越南人也開始參加該廟會。除正式儀式上使用潮州語之外，主持人在其餘的場合上都使用越南語，其原因有二，一是會講潮州話或者中國普通話人數並不多（主要是老人），二是儀式的參與者大多數是越南人，尤其是督河附近地區的船主。

圖 31、圖 32：督河鎮“青獅白象”的壁畫（阮玉詩 2015）

4. 一個比較觀點

為了確定總體上西南地區天后聖母信仰活動的多樣性，尤其是督河鎮天后誕辰節的特殊性，我們進行一個橫向比較研究：檳椥省巴知縣 Tiệm Tôm 鎮天后宮與金甌省陳文時縣督河鎮天后宮。這兩個地方都是一個捕魚社區，每個地方都有一座天后廟，都是由華人在同一時期建造的。在 Tiệm Tôm 鎮地區大約有 215 名華人，主要是廣東人（截至 2016 年）。兩個社區儘管位於兩個不同的沿海地區卻息息相關。二十多年來許多來自 Tiệm Tôm 鎮的捕魚船長期居住在督河河口，前往暹羅灣各漁場捕魚，回鄉時會帶走不少督河鎮的風俗，其中就有天后崇拜的習俗。這兩個地區的天后崇拜和天后神誕節有相似之處，也有不同之處。兩者之間的主要區別實際上是每個地區的地域性。

首先是相同點。透過天后信仰與天后神誕節活動，跨民族文化交會的過程（尤其是越、華人社區之間）在兩個地方變得越來越深刻。金甌省督河鎮許多越南居民和船主每天（特別是天后神誕節日）會拜訪天后宮並祈求平安。Tiệm Tôm 地區的天后信仰圈也有同樣的事情。在兩地區的信仰圈中，天后聖母是位海神，所以漁民們出海之前要前往天后廟舉辦祈求典禮。Tiệm Tôm 地區的一些老人還記得很久以前發生的一個故事：該地區發生過一陣霍亂，天后聖母透過一位巫童告訴居民如何將落倒在天后宮大門前下的圖「trôm」樹取回家煮成藥湯飲用。從那時起，包括華人和越南人在內的當地人一直感激不已，並相信聖母的靈感和力量。因此，Tiệm Tôm 天后廟在當地人心目中一直是重要的精神支柱和神聖場所。跟督河鎮天后宮信仰一樣，Tiệm Tôm 廟舉行天后聖母沐浴儀式之後船主們領取其沐浴聖水回家為船隻進行清洗儀式，以祈求天后聖母的保佑。Tiệm Tôm 鎮的許多人也領取天后護身符回家貼在房子大門前或者船隻祭壇上。根據我們的採訪得知，其風俗在 Tiệm Tôm 鎮最近二十年來才日趨明顯，這便是船主和漁民從金甌督河鎮帶回來的。Tiệm Tôm 鎮的信仰圈也有向聖母借錢的習俗，不過沒有督河鎮流行。

至於差異之處，我們從初步的研究中發現以下幾點：

第一是聖誕節日的時間：當督河鎮天后宮每年農曆三月二十三日舉辦聖誕活動時，Tiệm Tôm 鎮天后廟於農曆六月十五日至十七日舉辦天后節日。大約五十年前，Tiệm Tôm 鎮天后廟天后誕辰為農曆三月二十三日，但三月份是東北風跟西南風的交會時刻，正是漁民出海捕魚的好季節，他們沒辦法為天后舉辦大典禮。由於參加三月二十三日的漁民很少，Tiệm Tôm 鎮天后信仰圈決定將年度天后節的時間改為農曆六月中旬。並組織廟慶人員在天后神尊前舉行抽籤儀式，最終取得聖母的同意。從那時起，該廟宇於休假期農曆六月的十五、十六和十七日舉行。六月中旬大河口往往有颱風，是漁民的休息期。他們一般在家，因此，他們很高興參加大型的公共節日。

第二是節慶組織人力與整個儀式的過程。在 Tiệm Tôm 鎮天后廟，一個節日委員會擔任節慶組織任務，其會由越南人和少數華人組成。祭祀的過程類似於越南農村地區公共村廟的祭祀儀式，包括結拜儀式、正祭儀式、神戲表演和送瘟/送風儀式。而且，Tiệm Tôm 鎮天后廟與其他檳椥省天后宮（共 4 座）沒有設立縱向關係（其點跟督河鎮天后宮不同）。Tiệm Tôm 鎮天后廟天后神誕活動經過五十年的變更逐步走向在地化，所以當前節日幾乎成為單純的越南人節日，其原有的華人特色逐漸消失。此外，經過好幾次重修之後，Tiệm Tôm 鎮天后廟廟宇建築與越南南部地區的村廟建築完全相似，和華人廟宇的傳統建築不同。所以說，當前金甌省督河鎮天后宮目前還保留華人傳統的風味，檳椥省 Tiệm Tôm 鎮天后廟目前為越南漁民社區的一種海神信仰的表現。

第三是節慶時用的祭品。上邊所提及到的督河天后宮節日上用的都是具有華人特色的祭品，那麼 Tiệm Tôm 鎮天后廟則不一樣。根據居住在 Tiệm Tôm 地區年長華人的說法，當地華人社區過去經常為天后聖母奉獻傳統祭物包括煮熟的黃雞，雞嘴上含著一根蔥、一束白菜、一些紅蘿蔔、白米糕、黃米糕、五種水果、茶葉、紅包等。他們解釋說，“向她奉獻白菜，希望能積累很多財富”。各種年糕呈隆起狀，象徵著蓬勃的生命力。紅蘿蔔與紅包會帶來很多運氣和希望。可以說，當地華人透過這些祭品展現他們對生活的美好願望。當前的信仰圈進行了一些更改，不過大體上還按照古人。其祭品跟督河鎮天后宮的祭品系列完全不一樣。

5. 結論

金甌省陳文時縣督河鎮天后崇拜的傳統與在當地社會經濟生活

中發揮重要作用的漁民的精神需求密切相關。天后是保護神靈，是位崇高的海神。督河鎮漁民社群崇拜天后，希望透過天后的保佑可以幫助他們避免海上不幸和意外的風險。有了這個意義，天后不僅是當地人精神上的支柱，而且還是許多其他省市的漁民們的保護神。因此，在督河鎮天后宮的宗教活動中，尤其是每年的三月二十三日盛宴，漁民們的參與和貢獻非常大，給該地區的天后聖誕節增添了獨特性。在未來，督河鎮和督河漁港還將繼續以漁業為本，漁民繼續出海捕魚，繼續祈求海神保佑。由此可知，督河鎮天后宮的信仰活動也將繼續與當地漁民精神生活的節奏有關。督河鎮天后信仰將繼續保留與發揮其自身獨特的色彩。

☆本文於 2020 年發表在《媽祖文化研究》期刊。

第五章

正邪之辯：越南客家人天后信仰中的「內祖外聖」結構

阮玉詩

摘要

在 823,000 名華人中，許多人生活在越南南部不同的方言群體中。每個族群都有自己的神殿，其中大多數人崇拜標準化的天后宮。然而，同奈省邊和市寶龍坊的客家人是唯一崇拜手工藝神的團體。這種差異在客家人與非客家人之間造成了具有挑戰性的鴻溝，並揭示了客家人傳統的非正統性質。這項研究調查了當地客家精英的禮儀轉型如何試圖實現"標準化"和團結。這項研究進一步運用了沃森（James Watson 1985）的標準化和正統理論以及韋勒（Robert Weller 1987）的基於上下文的解釋概念，來研究民間信仰利益相關者與儀式中隱藏的各種論述之間的相互作用。當越南南部的客家人面臨跨方言統一和社會融合的壓力時，他們將對手工藝大師的非標準崇拜轉化為更加融合的模式：天后信仰。他們將新的天后信仰疊加在原始平臺上，並在信仰或禮儀實踐上使其維持於原始狀態。這樣的疊加顯示了「薄偽裝」（thin disguise）的情況。這種轉變表明，即使在進行「偽準化」（pseudo-standardization）的同時，客家人仍在與其身份和融合作鬥爭。客家的自下而上的標準化值得在學術和實踐上得到回應。該論文首先由相關的西方作家進行了一系列學術討論，然後探討了實際變革的原因及其隱藏在下面的論述。

關鍵詞：客家、手工藝神、疊加、天后、標準化、整合

1. 前言

每年都有數百萬的信徒分別前往越南南部的 122 座天后廟參拜，這標誌著這一被授權的民間信仰是穩定發展的。得益於不斷豐富的變革和對國家的認可，天后已成為越南普通華人文化的最重要標誌，象徵著華人和一部分越南人在某種程度上的文化交流（阮玉詩 2017）。

天后是一位傳說中的女神，原本是宋代福建的巫師林默娘。由於她具有搶救海員的傳奇能力，她在 28 歲去世後，被當地漁民和信徒奉為海上女神。為了加強在福建和廣東等沿海地區的集權化，宋朝皇帝親授予她「夫人」封號，元代將她升格為「天妃」，清康熙皇帝冊封她為「天后」（詳見廖迪生 2000，26-26 頁）。該信仰一直伴隨著 17 世紀晚期到達越南南部的中國商人和移民的生活於發展。在過去的十年中，越南的天后崇拜一直是我們的研究主題，作者曾於 2017 年出版了《越南湄公河流域天后信仰》一書（參閱 Nguyễn Ngọc Thơ 2017）。而本文對於同奈省邊和市寶龍坊客家人群的天后信仰做了進一步的言談分析。

寶龍坊的客家人目前有 500 名居民，是鄭成功滅亡前後由陳上川率領到越南同奈邊和地區定居的華裔。他們最初居住在寶龍山丘地區，在那裡他們可以維持在廣東開始的傳統手工藝品生產。後來的客家人移民也發現寶龍是一個安全的港灣，可以在此地謀生，因此，他們決定定居於此。我們在調查中發現，客家人在十七世紀末建立該村時就開始崇拜手工藝神。但是，他們的寺廟在二十世紀初被更名為「天后古廟」。客家人定期組織素食節來「供奉天后」，其本質是在維護和傳承手工藝村的傳統。信仰與實踐之間，信仰的隱藏意義與公眾話語之間存在巨大差異。我們把這種現象稱做「蝴蝶的外貌包含著毛蟲的骨肉」現象。蝴蝶是成熟的動物，代表著「準化」或「標準化」，而毛蟲是未準化對象。是什麼原因使客家人透過在他們原始的手工神傳統的表面上疊加天后而進行「偽裝」呢？其現像是如何發生的？因為這種偽裝揭示了整體信仰與禮儀實踐之間的脫節，信仰圈成員以及大眾人群有何反應？本文的目的是分析客家地方流行傳統的變遷來源和禮儀轉型的可能機制，以此來說明客家文化轉型的原理和實施趨勢。

2. 神明的標準化和基於背景上的流行傳統詮釋

客家人的轉變是一個完全不同的過程，許多人類學家對此進行了廣泛討論。在沙龍•卡斯滕斯（Sharon Carstens）的研究中，馬來西亞的普來客家人無疑正在對其客家人的身份「失去意識」(less conscious)。他們促進了在當地背景下融入華人共同文化的感覺（Carstens 1996，頁 124-48）。相反，印度加爾各答客家人由於其繁榮的經濟地位，在面對非客家人和土著社區時，試圖保持其客家人的身份(Oxfeld 1996，頁 149-75)。香港的關門口客家人在被香港政府認定為「土著」之後，完全放棄了「客家人」這個民族稱號（Johnson 1996，頁 80-97）。這三類客家人的轉化與保存的案例表現出一個共同的趨勢，即局部適應與整合，而寶龍坊客家人在本研究中的祭拜式轉化在特徵與目標上應分別定義為「標準化」與「整合」。由沃森（Watson1985，頁 323）定義的"標準化眾神"的概念可以透過以下方式理解：「國家在有文化素養的精英的幫助下，透過選擇某些受歡迎的當地神靈並保證他們傳遞所有正確的訊息...對國家的文明、秩序和忠誠度，試圖使當地人受到其影響」。帝制晚期的中國基於儀式的正統性可以充當文化同質化的強大力量的觀點，大力支持標準化的宗教和儀式(von Glahn 2004，頁 251-3)。當 Stephan Feuchtwang(1992，頁 57-8)將此動作稱為「帝國隱喻」（imperial metaphor），Prasenjit Duara（1988a，頁 778-95）將其稱為「加封現象」(superscription)。如約旦（1972）所述，神既具有神聖的能力，也具有褻瀆神靈的能力。人們崇拜神靈是因為它們具有神聖的功效，因為它們透過世俗皇帝賦予的封號與世俗生活中的官僚們緊密相連。在天后祭拜中，Paul Katz 強調說：「中國的文化融合是透過文化的標準化來實現的，在這裡，文化的標準化是指由國家當局和地方精英推廣經批准的神靈，例如天后女神」（Katz 2007，頁 71-90）。

自稱「正統」是中國流行文化的重要組成部分。Rawski（1985）強調中國文化由於其繁榮，教育體系和書寫體系統一的有效性而高度融合。象徵性做法是文化融合的一種重要手段，國家及其代理人出於政治目的大力促進這種文化融合。由國家批准的符號「產生了高度的文化統一性，在神話解釋和不同的當地儀式實踐中超越了社會差異」（Sutton 2007，頁 5）。

但是，標準化已被證明是一種交互過程，其中不同的群體根據其基本的理解以及他們對自身利益的渴望方式來解釋符號。David Faure（1999，頁 278）認為，標準化是「國家實踐和制度知識進入鄉村的管道」。精英和宗教專家舉行儀式，以維護自己利益的合法性，即使面對國家霸權也是如此。

在細節上，標準化過程有時在所謂的「偽準化／偽正統化現象」（pseudo-orthopraxy）下發生。Michael Szonyi 在其對福州地區五皇帝崇拜的研究中，將類似的轉變稱為「使眾神標準化的幻覺」（Szonyi 1997，頁 113-5）。受制於帝國主義議程的強烈願望，福建省福州地區五帝奉獻者從附近的江西省採納了五顯崇拜蓋於其傳統的表面之上。但是，地方精英卻站於地方官員和平民之間，他們希望遵守國家的意願，但實際上卻掩蓋了當地的差異和利益。唐納德•薩頓（Sutton，2007，頁 9）將這些偽正統表演者稱為「多面亞努斯的地方精英」（the Janus-faced local elites）。同樣，波美蘭（Pomeranz 1997，頁 182-204）讚揚了這些精英在調解國家與平民之間的關係方面所發揮出的驚人才幹。蒙莉莎•布朗（Melissa Brown，2002）也同意地方官員和地方精英有自己的議程，不僅誤導了帝國法院，而且還誤導了現代歷史學家。

總之，除了自上而下的標準化過程外，始終存在著自下而上的反應，這些反應主要是由擁有活躍權力的地方精英推動和實施的。這種現象有時被認為是關鍵人物從一個階級到另一個階級的調解形式，這有助於使中國文化高度融合。結果，在某種程度上，標準化意味著只有當地精英談論他們自己的書面主張—「社區的美觀表現」（Sutton 2007，頁 10）。

許多轉換是在基於上下文的交互的基礎上實現的。羅伯特•韋勒（Robert Weller1986，頁 5-7）認為「很多文化既沒有被高度制度化，也沒有被強烈意識形態化。相反，它以務實的解釋和重新解釋的過程存在。」正如他所說，有些人類學家將文化與整個社會聯繫在一起，而另一些人類學家則將文化與社會內部的群體聯繫在一起。不同的群體具有完全不同的解說風格，這可能會隨著社會條件的變化而變化。Weller（1986，頁 167）補充說：「多樣的社會關係促進了多種解釋方式，當制度和背後的其他社會經驗發生變化時，所有信念都可以重新解釋。」因此，中國文化是多樣化的。國家在符號和信仰上強加結構而不是內容，從而允許不同的信徒用自己的方式來詮釋天后（Watson 1985，頁 323）。杜維明（1994）同意於巴赫金稱作「對話的想像力」（the dialogic imagination）的觀點，即：思想和實踐在論證和重新解釋中不斷得到重新形成。精英們在執行自己的議程時具有很大的創造力。的確，中國通俗傳統對「認可」或「授權」的需求與真實的社會環境引起的轉變交織在一起。

3. 現場迴聲

在越南至少有五類華人群體，其中在人口統計上客家人口排名較低（Dao 1924，頁 47；Tsai 1968）。客家人稱自己為「người Hẹ」，意為華夏人中具有高文化素養的一類人（見蔣為文 2013，頁 89）。根據鄭懷德的《嘉定城通志》的說法，客家人與其他華人族群於十七世紀末抵達邊和市，加入了越南大鋪州古鎮，並建立了關帝廟和天后廟（1684 年），並規範了他們的商務和生活事務。客家人幾乎完全來自廣東的惠陽和大埔地區，自稱為「崇正人」。大埔客家逐漸發展到湄公河三角洲，而惠陽客家人則傾向於居住在寶龍坊山區以維持自己的手工業（Nguyễn Thị Nguyệt 2015，頁 18）。接著，他們建立了祖師廟，供奉手工藝大師魯班、尉遲恭和伍丁。

像十八世紀和十九世紀初的其他華人和明鄉人[1]一樣，客家人逐漸成為了越南少數民族中的精英。與其他華人族群相比，他們的手工藝品生意使他們享有相對較高的地位。客家人在我們訪問期間多次提及：「客家」（來賓）這個名字的歷史淵源使他們能夠在彼此之間建立和保持隔離，這在一定程度上要歸功於其手工業所處的經濟地位。他們的過度自信使他們深陷於族群之間的衝突。各個小組領導人之間的和解並非如客家人所希望的那樣容易，部分原因還是要歸根於客家人在過去幾個世紀中的過分自信，更重要的是客家人的手工藝神靈未曾獲得批准。最終，對客家神的崇拜也發生了重大變化，即：出現天后崇拜在原始平臺上的疊加。傳說讓天后聖母的這種疊加變為了現實。

[1]通用術語既表示十七世紀至十八世紀清朝接任時的明朝支持者的中國難民，也表示在不同的移民潮中由中國男性和越南當地女性組成的跨族婚姻社區。本文將這一術語應用於後一種群體，後者的語言和生活方式在很大程度上融入了越南社會，同時在一定程度上保持了中國宗法的親屬關係和習俗（參見 Chiung 2013，頁 87；Wheeler 2015，頁 141-3）。

正如許多當事者所證實的那樣，瘟疫襲擊了該地區，並在二十世紀初奪去了一些生命。沒有有效的藥物可以阻止這種流行病。就算手工藝神也沒用。在一個令人悲痛的早晨，人們聚集在祖師廟裡祈禱，當地人曹薑的手勢和聲音突然變得異常，身體顛倒過來，兩隻手撐著直走到聖殿正殿。他自稱是天后的化身，負責控制疫情。他要求客家人選擇 100 種草藥，將它們分為八類，並添加其他草藥材料進行治療（另請參見 Nguyễn Thị Nguyệt 2015，頁 18）。客家人聽從他的指示，於是疫病得到了控制。客家人從此開始信奉天后；因此，他們採用了天后信仰，並將其更名為「天后古廟」。在每三年的週期中，客家人都會為她舉辦「素食節」。實際上，正如我們在深入討論後所指出的那樣，這個傳奇故事是由精英在努力使眾神的轉變制度化的過程中逐漸形成和添加的。

圖 33：寶龍坊天后古廟廟會前景（阮玉詩 2016）

圖 34：天后古廟正殿祭壇上的三祖師 （阮玉詩 2016）

在虎年、蛇年、猴年和豬年期間，客家人素食節的持續時間為農曆正月初十至十三。正如我們所觀察到的，在 2013 年和 2016 年的兩個節日中都舉行了類似的儀式。主要活動分為三個階段：（1）準備階段，包括廟宇裝飾和供品擺放；邀請信仰圈成員參會；宣讀議程；邀請附近地區的神明聚集於祖師廟共同參會；進行街頭遊行和與老虎共舞（第 1 天和第 2 天）；（2）核心儀式時期，包括主要儀式和供奉給眾神的素食；死者的驅魔儀式和大眾救贖儀式以及幽靈餵養(第 3 天)；（3）恢復期和結束期，“搶奪”桌案上的慈善物品；還原儀式，其中將肉類食品供奉給眾神；在同奈河岸上舉辦普渡儀式；送眾神回到他們的廟宇並結束本次廟會（第 4 天）。

圖 35：「天后節」大典禮中的關鍵人物:三位祖師（阮玉詩 2016）

圖 36：同奈河岸上舉辦普渡儀式（阮玉詩 2016）

圖 37：迎神繞境（阮玉詩 2016）

事實上，主要的萬神殿總是為原始的手工藝神保留的。天后宮和關帝豎立於萬神殿的兩側。雖然廟會更名為天后素食節，但，天后卻在一定程度上被排除於外。這可以被看為「偽裝的轉變」，這在某種程度上與 Michael Szonyi（2002）在福州進行的研究中的五帝崇拜的案例有關。一開始被問到時，所有當地精英都試圖忽略這個問題。但是，經過很長一段時間與朋友的交流並與他們一起參加儀式之後，他們承認了這個「偽裝」現象。

目前，從一些精英受訪者的表露當中，可以看出對手工藝品神的優先地位感到一些疑惑。現今兩個相互衝突的精英群體正在爭論木雕祖師魯班、鐵匠祖師尉遲恭和石匠祖師伍丁誰將會是本村廟的主角？上屆的的行政精英團體將魯班置於主角位置，而現任的精英們則將尉遲恭放在首位。根據我們最近的研究發現，爭議是由精英團體與不同的道教專家（來自香港和胡志明市）之間的半秘密關係引起的。一個活躍的客家精英團體可能會尊崇一位神明，而他人則會出於自己的原因而忽視他。這種塑造神力的驚人作用使精英而非神明成為本信仰的主要表演者。

圖 38：寶龍區天后節的舞神虎隊正為社區祈福（阮玉詩 2013 年攝）

4. 信仰形式的轉變：「偽裝性的正統化」？

華人民間文化傳統中的標準化是「中國特性」的重要特徵之一。在越南和其他東南亞國家中，與其他華人族群一樣，客家人特別關注「成為真正的華人」的心態。從廣義上講，可以將「成為真正的華人」定義為「與特定的非漢族人的行為區分」（Sutton 2007，頁 15）。根據唐納德•薩頓（Donald Sutton，2007，頁 16），長期以來，知識份子透過有關「邊境族群」的訊息，培養了漢族的特色意識。寶龍坊客家被稱為「客家」，在戰後的經濟發展方面處於落後地位，他們試圖與其他華人統一，他們強烈希望從文化視角層面被視為正宗華人。從字面上看，"標準化"的概念既是客家人的自我認同，又是非客家人的客觀解釋。我們與該地區的其他華人社群代表人進行了雙重核實，大多數人都證實客家人的努力是為了實現「正統」功能。實際上，客家人對「成為真正的華人」的主張被認為比其他華人社群的主張更為強大。該地區的客家人聲稱他們與新加坡前總理李光耀先生有血緣關係，但是，這一說法需進一步調查。在我們對單獨的實地考察旅行進行的深入研究中，七位客家老人哭了起來，因為這種親戚關係從未得到承認。在他們的故事中，"李先生"出生在這個客家村，他曾在那裡居住並參加寺廟活動。他八歲時就離開了越南到新加坡。這些故事不斷被許多客家精英所重述，儘管其中一些可以指導我們走向所謂的"李先生的祖先墓地"。但從現代人類學的角度來看，這些故事仍需進一步研究，特別是考慮到移民群體可能會透過獲得特定的象徵人物來治癒傷口或填補其空虛。然而，在某種程度上，這樣的故事加深了在客家中成為「真正的華人族群」的強烈渴望，因為這很容易被其他華人社區接受，從而有能力加入越南華人跨方言的統一。

在二十世紀中葉失去經濟地位後，先前的明鄉人精英階層和目前的越南華人都將文化遺產變成了權力來源。由於現行的文化遺產保護政策，他們利用「標準化」（orthopraxy）傳統在越南建立了自己的文化融合體。他們繼續實現新的融合形式，尤其是在 1986 年改革之後。正如 Tran Khanh（1997，頁 267）總結的那樣，「過去十年越南的變化也推動了華人與更大的越南社區的融合」。根據韓國學者崔秉鬱（Choi Byung Wook 2004，頁 38）的說法，當地華裔在整個歷史上都表現出願意在服飾、語言和生活方式上加入越南社會，「但他們仍然保持著與眾不同的血統和身份，即華人。」

然而，似乎每個華人族群都建立了自己的融合途徑，儘管跨方言的聯繫可能會加快這一進程。實際上，在整個歷史上到達越南的華人按照他們的原故鄉的名字都被劃歸為五大族群（廣東、潮州、客家、福建、海南），每個族群都有自己的會館。越南統治者透過制定半開放式裁決政策，為華人提供了相對較高的自治權。與柬埔寨《克拉姆斯克魯克法案，Kramsrok Act》不同，該法案要求全柬埔寨所有華人加入由一個華人代表組成的獨特華人協會（Châu Hải 1992，頁 66），法國在越南的殖民者透過運用「分而治之」來加劇分歧。1950 年代至 1960 年代，南越統治者吳廷琰（Ngô Đình Diệm）在西貢繼續執行該政策。

如前所述，由於 1900 年代至 1930 年代社會經濟背景的變化，客家人與非客家人之間的界限受到了挑戰。手工業的衰落和其他華人貿易服務的活力推動了客家人走向跨語言和跨種族的融合。他們認識到，如果他們的民間手工藝神信仰沒有得到標準化，變革就不會成功。與其他華人社群流行的天后和關帝相比，手工藝大神變得非正統，因為歷代中國和越南皇帝都沒有批准他們。其他華人利用他們的文化資源輕鬆地轉向全面融合，而客家人則必須做出雙重改變：標準化和融合。

但是，寶龍坊的客家人並不能完全拋棄手工藝大師的神靈。正如我大多數受訪者所指出的那樣，村民們一開始完全不同意這種改變，然後在得知原有的手工藝眾神在天后聖母的表層下比以前更加莊重地受到了尊敬，才由此得到了社群的認可。最終，客家精英們成功實現了雙重目標。這種被稱為“釀酒而賣醋”的轉變，在封建晚期的中國經常發生，而在越南很少發生過。寶龍坊的客家人根據當地流行的傳統創造了一種「偽準化」現象，「內祖外聖」，天后在表面上是無辜的表演者，而手工藝村的信仰和原始的禮儀做法則在其下被莊嚴地實施。

5. 為何天后？

關帝和天后都疊加在客家較老的手工藝大師崇拜的表面上，但只有天后被宣佈為所有人的代表。這種偏見的原因是什麼？在十九世紀末和二十世紀初期間，關帝與當地越南人之間的許多反法運動息息相關（Nguyễn Ngọc Thơ 2017），而華人則將他作為許多秘密社團的標籤（例如，天地會）。這些舉動使關帝與識字階層緊密相關，這意味著越南人和華人共同崇拜他。天后與關帝不同，她超越了大眾文化中的海上女神地位，從而擴大了她的象徵影響力：成為財富女神，地方女神和護命神等。因此，天后被客家人選中，重塑了跨社群的華人團結。

羅伯特•韋勒（Robert Weller1987）強調，在整個歷史中，對禮儀實踐的基於上下文的解釋在捕捉社區的漸進路線圖中起著至關重要的作用。由於務實性的要求，人們設法調整自己的習慣以改善生活。關於香港的華人傳統標準化，沃森（Watson1985）強調了自上而下的趨勢，即將地方官員和精英與傳播國家培育的正統文化混為一談。寶龍坊客家人的個案研究則顯示了相反的特徵：即自下而上的標準化。

正如薩皮爾（Sapir 1934，頁 205）所說，文化不是一種給予的東西，而是一種社會成員逐漸摸索著發現的東西。它是由受到實際約束的人們製作的。沒有世代相傳的永久的制度化或意識形態價值觀。相反地，社區在基於上下文的交互中不斷修改其價值並產生新的價值。客家禮儀轉型的現代詮釋需要在特定的時間和地點進入真實的背景。無疑地，這是一個重新解釋的過程。由於天后對手工藝神的疊加是透過對禮儀習慣的改變而不是對深入信仰的改變而完成的，因此這種轉變不是絕對的或系統的轉變。在某種程度上，這種簡單的“偽裝”使客家人得以保留自己的職業文化，而不是完全融入華人共同的民族傳統中。這裡使用的「偽裝」一詞是最正向的意思，它表示某人有意識地使用不同的觀點或外表是為了達到進步的目標，而不是為了個人利益而進行的有計劃的欺騙。當客家供奉者之間的疑惑和質疑第一次變得嚴重時，當地的精英們利用了對神的標準化的渴望和在神聖儀式中共同經驗的交會點來克服歧義。迪克海姆（Durkheim 1912）發現，人們透過儀式創造的潛在文化空間（既被視為實踐知識，又被視為極度不確定的事物）。儀式被定義為「主要是透過社會慣例形式化的行為，並以人們認識到的某種方式一再重複的行為」（Weller 1987，頁 7-8），可以幫助人類生活，但不能完全消除差異和歧義。儀式透過重複來實現其效果，就像在定期的儀式和其他禮儀實踐中一樣。至少，儀式的重複在參與者之間創造了一種共用的體驗，這極大地促進了神的象徵意義的修改並傳播了一種共用的符號。因此，儀式、符號和共同經驗不是相互排斥的；相反，它們全都幫助客家人解決界限。此外，天后在一個提供抗瘟藥的男人身上化身的故事也具有儀式性。

6. 對信仰轉型的不同解釋

在特定的背景下，不同的主題對客家禮拜儀式的變遷和寺廟的素食節有不同的解釋。客家精英是轉型的核心。根據康弗斯（Converse 1964，頁 211）的觀點，精英信仰比大多數人更注重上下的觀念，其表現形式更抽象，邏輯上更統一。因此，精英的意識形態比平民的思想更具客觀性和邏輯性。正如保羅•卡茨（Paul Katz 2007，頁 76）所展示的那樣，精英人士更有活力地引導社區的利益朝著既達到禮儀標準化和保護地方多樣性的既定目標邁進。客家人精英在主張轉變時掩蓋了身份認同和融合的鬥爭，具有明智的靈活性和積極正向的力量，因此使其成為偽裝正統化現象。

作為兩個重要的利益相關者之一，當地的客家供奉者不安而又被迫地跟隨他們的精英。與亞瑟•沃爾夫（Arthur Wolf 1974）所說「精英和農民的宗教之間存在巨大鴻溝」形成鮮明對比的是，羅伯特•韋勒（Robert Weller1987，頁 3）肯定了精英與平民共用基本的宗教信仰體系在天堂，命運和其他超自然的概念中（見 Yang 1961，頁 276）。因此，客家信徒在經歷了這種變化後不久便產生了理解和同情。看來，當平民百姓參加由其精英領袖制定和指導的宗教儀式時，他們只會在問題不正確且與他們的生活無關的時候表達異見（見 Mann 1970，頁 423-39）。

在其他華人眼中，這種轉變至少預示著客家人的謙卑與謙遜，值得同情和認可。通常，一般的天后節 3 月 23 日，金甌半島天后節正月初三，平陽省土龍木市天后節正月 15 日，客家人天后節為 6 月初十至十三。因有多個固定的節日，使供奉者更接近天后，並提供了介紹華人文化的機會。天后的崇拜和素食節至少可以使客家人與其他華人和越南人生活在一起，即使他們有歧義和缺乏充分的瞭解。

儘管他們可能參加節日是以獲取神靈的功效並用於個人娛樂，但當地的越南人對探索客家的改造毫無興趣，也沒有想法去瞭解這一信仰。在越南南方人眼中，眾神都有自己的功能，敬拜盡可能多的眾神可確保安全。他們參加節日的主要目的是希望觀音的化身天后在精神上回應他們的願望。客家精英們在創作天后供應草藥的故事時表現出的聰慧才智，以便其可以適應越南人對觀音的傳統理解。與沃森（Watson1985）的發現一致：平民"無論他們的想法或感受如何，都專注於儀式行為"，當地越南人根據自己的經驗並基於對神靈或女神的解釋加入儀式。如果將疊加的天后聖母的神聖性視為一種標記法的一部分，那麼當它與儀式中的共同經驗相伴時，這種標記法是解決群體之間的鴻溝和治癒任何傷口的重要方式（請參見 Seligman & Weller 2012，頁 167）。

在整個歷史上，在地方當局的壓力下，客家人為認同和跨界融合而進行的鬥爭愈演愈烈。在封建晚期的越南，客家人和其他華人社區都享有寬鬆的經濟和社會文化自主權（見 Đào Hùng 1924；Châu Hải 1992；Wheeler 2012）。法國殖民者的政策挑戰取消了這一優先權，而西貢政權（1954 年至 1975 年）緊隨其後。「分而治之」政策的作用是將辯證的華人群體劃分為不同的社會。因此，歷來客家人的融合鬥爭常與在當局政府的交涉中引起不快。戰後的 1975 年至 1986 年，客家人深感疲憊，因為他們是資本家的目標，被無辜的拉入了動蕩的國際關係之中，這導致了大規模的華人在此期間從越南乘船離開（見 Amer 1991，頁 126-7）。1986 年，越南開始了改革政策，普遍消除了對宗教的偏見，尤其是對華人大眾傳統的偏見，寶龍坊的客家人開始了其文化復興。在這項改革中，天后素食節被定期重新組織。目前的地方當局承認客家廟的信仰改造。但是，他們不知道（或可能不想承認）它的動機和意義。他們在對待客家人的大眾信仰和素食節方面似乎遵循"睜一隻眼閉一隻眼"的政策。他們在很大程度上無視客家人的偽裝，但要確保其遵守法律，更重要的是，確保客家人以自己和其他華人的名義開展社會慈善活動。

除了排名第一的客家精英之外，唯一懷疑這種不合邏輯和不穩定的宗教傳統疊加的政黨是越南知識分子。他們對客家人的鬥爭表示同情，並瞭解這種轉變是歷史上的強制性選擇。但是，由於沒有任何偽裝正統化手段可以確保傳統有效的健康發展，因此他們要求恢復手工藝品村的遺址，包括古老的手工藝品神靈。近期舉行了客家精英與各院士之間初步對話的會議，儘管現在為時過早不容樂觀，但會議仍對客家人的認同和未來的融合充滿希望。在提出的建議中，有一項是關於在振興和發展手工藝鄉村小徑上嶄新的後現代旅遊業倡議的，這引起了客家精英和平民百姓的積極響應。在當代越南的特定背景下，對客家文化遺產及其在旅遊業中的應用仍有進一步研究的空間。

7. 結論：從偽裝正統化到為進化而奮鬥

上面的分析生動地顯示了客家人在通俗傳統中的正邪之辯，充分地展示了文化標準化作為他們管理衝突的目標以及作為跨族群整合的手段。這種偽裝正統化現像是一種自發性、自下而上的標準化過程，是由民間社區實施的。上述所談到的層次性話語對客家人產生了一種正統的錯覺，不過可能會對基於實際背景的新解釋產生跨界效益。由於信仰轉型，客家人逐漸走向融合，而他們的手工藝村遺址得到了保護。儀式解釋的意識形態化和實用主義風格取決於它們與當前社會背景的關係，而不是其固有的理性（Weller 1987，頁 10）。但是，不同的參與對象對在將人們召集在一起的儀式中重複儀式和分享經驗有不同的解釋。因此，我們應該認為這一變化總體上是正向的。

與世界各地的華人傳統中其他所有禮拜儀式標準化案例不同，越南客家人自下而上的標準化去向不僅致力於標準化的感覺，而且使得他們不斷地邁進發展的途徑。越南的華人文化千差萬別。他們強烈主張走向民族文化的統一，因此將進行更多的運動和改革以消除差距。但是，由於沒有邏輯上的，自上而下的制度化框架或標準來確保此類運動和改革的目標。因此在華人各方言社群之間，標準化眾神的方式是繁雜的。為了發展，寶龍坊的客家社區將國家批准的天后信仰強制性地疊加在原有的手藝祖師崇拜基礎上，最終形成了偽標準化。但是，眾神的標準化並不總是對集中力量施加壓力的回應。相反，應將其廣泛地視為賦予邊緣社區眾神以實現真實的生存和進化標準地位的過程。眾神才可獲得正統和跨界統一的權力，標誌著寶龍坊客家社區的標準化和演變。客家人的禮儀偽裝或偽標準化，以“蝴蝶的外貌包含著毛蟲的骨肉”的形式來表達，在過去的幾十年中一直允許這種進化，並且將來可能會延續這樣做。作為其生存和進化的一種手段，文化標準化一直是當代越南華人之間不斷鬥爭的目標。

☆本論文之英文版曾發表於Journal of Asian Education and Development Studies，Vol. 9（1），pp.56-66.

第六章
關帝在越南

阮玉詩

摘要

至少在四個世紀前，關帝信仰已傳入了越南，並走進了在地化階段。經歷了特定歷史的過程，特別是在越南與中國之間的不良關係中，越南華人社區必須重新調整對關帝的風俗習慣與信仰宗教。

本文分析了越南人和華人社區對關帝及其信仰的態度，看法和行為，從而探討了越、華這兩個族群在最近的歷史進程中的思想文化動態。該研究僅限於 Prasenjit Duara（1988a）提出的象徵性變化與社會變化之間的關係，該研究進一步描繪了越南華裔在其不斷發展的歷史中的當下景象，並認為「疊加神明之象徵意思」（superscibing gods）並不總是君主帝國的議程；其變革受到當地歷史的強烈依附和推動。

關鍵詞：關帝、關公、歷史價值、越南華人、本地化

1. 前言

關帝是中國歷史人物，漢封侯、宋封王、清封大帝，儒稱聖、釋稱佛、道稱天尊。關帝的崇拜發生於中國，並廣泛傳播世界各地，其中有越南。

人們早在 14 世紀就進行了編寫與收藏跟關帝有關的資料。胡琦於 1308 年編輯了第一本著名的作品《關王事蹟》，隨後是不同明清學者（ter Haar，2017，頁 7）。然而，關於現代學術觀點的研究近來才普及。關帝的研究在中國大陸、香港和台灣最為繁榮。早在 1857 年，埃德金斯·約瑟夫（Edkins Joseph）在上海的《雜記》（*Miscellany*）發行了《關帝：戰神》一書。Birch S.於 1840 年在《亞洲雜誌》（*Asiatic Journal*）（第 33 卷）上發表了《關帝保護》，埃德金斯·約瑟夫（Edkins Joseph）則發表了兩篇文章，分別在 1857 年和 1867 年向《雜記》和

另一個香港本地雜誌介紹了關帝。直到 1965 年，中國大陸深入文化大革命，關帝的核心研究轉移到台灣。從 1982 年以後中國大陸的學界才繼續研究關帝（蕭為與樂聞 2002，頁 272-6）。1980 年代和 1990 年代的幾十年見證了中國傳統符號研究的熱潮，歷史、人類學、民俗學、文學和藝術等不同學科的學者分析了符號和信仰的含義和各種功能。根據蕭為與樂聞（2002，頁 277-8）的統計報告，1983 年在中國和台灣發表了 19 篇有關關帝的文章。1987 年以後，平均每年只發表一到兩篇文章。有關關帝的著名書籍和專著在中國大陸和台灣出版，最代表性的是黃華節的《關公的人格和神格》（1968）、梁志俊的《人。神。聖關公》（1993）、鄭土有的《關公信仰》（1994）、劉濟昆的《義聖關公》（1996）、趙波的《關公文化概說》（2000）等等。其中許多是在北京、臺北和其他地方與關帝有關的研討會和會議的結果。

在西方，此後許多文章從歷史、軍事藝術、戲劇和文學的角度介紹了關帝，譬如《新中國評論》(*New China Review magazines*)雜誌（第 3 卷，1921 年第 1 期）、《中國期刊》（*China Journal*）（第 5 卷，1926 年第 1 期；第 15 卷，1931 年第 1 期和第 27 卷，1933 年第 3 期）、《演繹》（*Renditions*）（第 15 卷，1981 年）、《亞洲藝術》（*Arts of Asia*）（1984 年）等。特別是最著名的研究文章「疊加符號：中國戰爭之神關帝神話」由 Prasenjit Duara 發表在《亞洲研究》（*Asian Studies*）期刊（1988a）上。此外，1988 年，德國漢堡的伏特克藝術博物館（Mitteilungen aus dem Museum fur Furkerkunde）對二十世紀關帝崇拜進行了全面回顧。關於書籍和專著，羅斯·戈登（Ross Gordon）在 1976 年介紹了他的論文「戲劇中的關羽：德州大學二元戲劇的翻譯和批判性討論」（Guan Yu in Drama: Translation and Critical Discussion of the University of Texas Binary Drama）。德國設計師 Gunter 於 1984 年介紹了《從將軍到神明：關羽和神化之路》（*Vom General zum Gott. Kuan*

Yuund seine posthume Kariere）一書。最近，在 2017 年出版了他的新書《關羽：失敗英雄的宗教來世》（*Guan Yu: The Religious Afterlife of a Failed Hero*）。

在韓國，關帝信仰和儀式的研究在歷史學家和人類學家中很受歡迎，因為這種信仰是由中國明朝將軍於十六世紀後期在朝鮮半島的抗日戰爭期間首次成立的。Hö Kyun 於 1602 年詳細描述了朝鮮半島第一座關帝廟的銘文，而於 Yu Söngyong 和 Yi Yuwön 分別於 1689 年和 1871 年做了類似的作品。Hong Ponghan 和他的同事們於 1908 年在關王廟收集並主要分析了碑文和禮儀物品。後來的學者在學習韓國傳統中的關帝符號和崇拜等方面做了很多研究，例如 Kim Yongguk（1965）、Kim T'ak（2004）、Joshua Van Lieu（2014）（參閱 Van Lieu，2014，頁 39-70）、Son Sook Kyung（2015）等等。

與中國、台灣或世界各地相比，越南人對關帝的研究開始較晚。1995 年，黎英勇（Lê Anh Dũng）於 1995 年出版了《過去與現在的關聖帝君》（Quan Thánh xưa và nay），概述了越南文化史上關帝的象徵意義的栽培與發展之總體情況。阮玉源在 2004 年撰寫了一篇題為「淺談關公在中國文化中的象徵」的論文，主要分析了關帝在中國和越南的意義和功能，並強調了明末清初的"封神"因素（Nguyễn Ngọc Nguyên, 2004）。阮清風（Nguyễn Thanh Phong）於 2014 年發表了「越南南圻地區內生宗教中的關帝信仰」一論文，詳細說明越南南部地區法屬時期的各種地方宗教如何認可關帝這一象徵人物及其信仰。黎文抄（Lê Văn Sao）於 2015 年在越南南部的特定地區做了研究，題為「茶榮省（Trà Vinh）華人社區的關帝信仰」。同時，中國研究生魏晉元在越南留學時進行了一項名為「中國華南地區和越南南部地區的關帝信仰比較研究」的畢業論文。其結果表明，關帝在中國傳達了封建各皇朝之思想與政治的敘事，但在越南文化中，關帝在老百姓心慕中單純是位福神和代表著英雄主義的歷史人物。其他作者還討論了關帝信仰的一些具體方面，例如阮子廣（Nguyễn Tử Quảng）的《三國演義的解讀和評論》（2011）、阮玉詩（Nguyễn Ngọc Thơ）和阮玉源（Nguyễn Ngọc Nguyên）的「越南文化中的忠誠與公義：關帝個案研究」一文（2014）、阮太和（Nguyễn Thái Hòa）的「關帝信仰的起源簡介」一文（2016）。阮玉詩（Nguyễn Ngọc Thơ）於 2017 年為台灣《國文天地》（第 29 卷，第 12 期）發表了「越南文化中的關帝崇拜」一文，然後在茶榮大學學刊另發表「符號的轉化與賦權：越南南方文化中的關帝」一文。這些作品是重要的前提，為本文提供了許多人類學和文化學資料。

中國文化在君主時代晚期得到大幅度的標準化了，統治者透過其戰略強加了他們的統治原則和策略，而精英和平民則為自己的生命和力量而鬥爭。在中國符號的意義和轉變與培育符號的社會背景之間，肯定存在著密切的關係。在越南，華人把傳統的正統文化作為對待越南文化的動力來源。從歷史上看，地方當局的嚴格控制，只是防止他們洩露越南國家機密的一種方式。由於歷史上一直受到中國的威脅，越南歷代王朝和政權都不得不採取這樣的政策（參閱 Riichiro 1974，頁 174）。透過歷史的風風雨雨，當地華人學到了一個昂貴的教訓：越南一直向願意為越南國家做出貢獻的忠實人士敞開胸懷。生活環境和生活經驗會產生知識。隨著時間的流逝，在知識分子的努力下，某些知識滲透到了符號系統中。知識改變了它們，或者簡單地向它們添加了其他層的含義，這些層既不矛盾也不只在消除舊層的含義。關帝是中國的象徵，被傳播到越南，並被舊時越南精英和中央集權採用。在西方殖民主義時期，該符號被用來促進越南人民的團結和起義精神。關帝並沒有保持中國古典風格的原來形象。當地華人卻學會了接受關帝符號作為華、越文化橋樑？中國皇帝如何栽培與標準化關帝的象徵含義？在前現代時代，本象徵如何在越南文化上發生轉變？這些轉變如何反映了越南華族人的社會和心理方面？

2. 關帝在中國傳統文化中的象徵含義的栽培與標準化

關帝的分裂象徵意義的結構深深植根於帝制後期的標準化政策。筆者在前幾篇論文中指出，「標準化」是美國學者詹姆斯·沃森（James Watson）在研究天后聖母的象徵時創造的一個術語，指的是「當國家在有文化素養的精英階層的幫助下透過選擇受歡迎的當地神靈，並保證他們傳遞所有正當的信息、文明、秩序和對國家的忠誠」（Watson 1985，頁 323）。標準化在各種社會團體對天后的看法上產生了重要差異。

Prasenjit Duara 在研究關帝論文的論點中，他強調神話同時是連續的和不連續的；但是，神話的本質是不連續的。關帝因其神化和保護人的角色而在不同時期受到歡迎（Duara 1988a，頁 779）。同樣，沃爾特·伯克特（Walter Burkert1979，頁 23）也指出，「神話是一個傳統故事，其中次要地，部分地提到了集體的重要性」。保留了大多數版本的神話所共有的圖像和序列，但是透過添加或"重新發現"新元素或透過給現有元素特定的傾斜，可以進行新的解釋。即使新的解釋應成為主流，以前的版本也不會消失，而是與之形成新的關係，因為它們在神話的「解釋領域」（interpretive arena）內的地位和作用將被協商和重新定義（Duara 1988a，頁 780）。

關帝符號含義的疊加（supersciption）不會刪除其他版本意思。符號沿著語義鏈的演變，即它們同時連續和不連續的特徵，使我們能夠看到符號變化與社會變化之間的關係。在任何時間點，神話的解釋舞臺都維持著一種文化世界，使世界觀得以溝通和協商。

關帝（西元 162-220）在 1615 年獲得「帝」之前曾被稱為關羽，在三國時期是一位神化的英雄。關羽的傳記出現在他死後六十年由陳壽撰寫的《三國志》中（陳荊和 1973，頁 36，939-42）。陳壽對關羽的簡短提及並非完全是補充。有人提到他在戰略問題上的虛榮心，過度自信和無知。此外，他作為飢餓的鬼魂進入了神化的最早階段，他需要犧牲新殺死的動物來鞏固他的"生氣"（vitality）（ter Haar 2017，頁 1，23）。但是這些事實似乎並不影響關帝神話的未來生涯。

不同的思想機構採用和解釋了關帝。在儒家思想中，關帝是指「保護原則並完善權力行使」的儒家賢者（Duara 1988a，頁 874），以及深深植根於儒家忠誠和正義價值觀的偉人（朱浤源 2002，頁 194）。關帝被列入唐代武術殿堂。碑文記錄了 1329 年在洛陽建立的關帝廟的存在（ter Haar 2017，頁 25，27）。大約在十七世紀中葉，關帝獲得了「關夫子」的新稱號，類似於儒家傳統中的孔夫子（閱覽 ter Haar 2017，頁 19）。在佛教中，有一個故事是關於智顗和尚（西元 538-97 年）如何說服關帝尋求回歸的。然後他成為修道院和廟宇的神（Inoue 1941，no.1，頁 48；Masami 1955，頁 30；Duara 1988，頁 779；ter Haar 2017，頁 42）。至於道教，道教神廟很快就接受他為神。在宋朝（960-1279）期間，道教聲稱關帝是保護者和驅魔人，或者是雨中生來的"崇寧天君"，尤其是在明清時期（Duara 1988a；王卡與汪桂平 2002，頁 96；ter Haar 2017，頁 49-60，152）。元代關帝作為道教神靈進入話劇（Inoue 1941，頁 2，250；朱浤源 2002，頁 197-8）。

在清朝時期（1644-1911），由於時代的巨大社會經濟變化，自給自足的近親社區趨於崩潰。作為忠誠和監護的象徵，關帝激發了信任和友誼的道德規範，團結了"陌生的社會"（黃華節 1968，頁 100，122，

227-9；吳彰裕 2002，頁 116）。被"正名"之後，關帝成為了忠誠之神。他還擔任財神、文學之神、秘密社團的神明、藝團的神明等（Duara 1988a，頁 781；ter Haar 2017，頁 247）。

各個社會團體還根據他們的特定興趣來疊加關帝的形象。例如，「對於農村社區而言，值得信賴的廟宇保護者的形象自然地向社區的保護者的形象屈服，並最終向醫治者和提供者的屈服」（Duara 1988a，頁 782）。早在魏晉時期，關羽就在中國北方地區以「關公」之名稱得到崇拜（朱浤源 2002，頁 192）。李景漢（1933，頁 432）在定縣進行的一次大規模調查中寫道，農村地區的普通百姓崇拜關帝是「賺錢和造成災難」。對於在遙遠、未知而又不受保護的地區進行貿易的商人來說，關羽已經建立了信任和忠誠度，並逐漸成為財富的象徵。再次以定縣為例，當被問及為什麼商人崇拜關帝時，他們回答說關帝只是位財神（黃華節 1968，頁 229）。對於秘密社團的無根匪徒和叛亂分子而言，所有儀式，包括在本會中發動新兵和懲罰叛徒的儀式活動，都在關羽祭壇和秘密社團的創建者面前舉行（Yang 1967，頁 64）。宋帝把關羽從「侯[1]」升級為「公」，再升級為「王」（朱浤源 2002，頁 193-4）。在明代，關羽在皇帝的支持下成為了正統神明。清朝接著將關帝崇拜提升為國家正式的信仰組織。在 1853 年的太平天國起義期間，關帝崇拜達到了正式祀典，與孔子相同的水準，部分原因是國家和精英支援這種崇拜以實現同一目標（Duara 1988b，頁 138-46，784）。清朝以前曾設法將關帝的形象覆蓋到各個村莊。在通俗文化中，由於帝王的榮譽，關帝獲得了更高的地位（Duara 1988a，頁 782，786，787）。這時，所有行政市縣都必須建造公共神廟，並在某些地方保留關帝廟。「這些廟宇是國家與流行信仰之接觸要點」（Weller 1987，頁 131）。

[1]他最初在 260 年被授予「壯繆侯」的頭銜（ter Haar 2017，頁 6）。

封建國家機構結束，關帝崇拜的結構和功能也發生了變化。羅伯特·韋勒（Weller1987）在臺北三峽村進行了研究，結果表明，當地的關帝廟在封建國家的角色消失後變得荒廢了（頁 45）。陳振瑞（1930 年）發現五帝崇拜被隱藏在關帝廟中，儘管他認為這是對政府消除迷信運動的回應（Szonyi 1997，頁 128）。

Joshua Van Lieu 介紹了一篇重要文章，述說十六世紀後期朝鮮半島的壬辰戰爭（1592-1598）中，明朝聯合軍隊對日本取得勝利後，明軍在朝鮮半島成立第一座關帝廟。根據文獻的記載，明朝將軍陳寅夢見關公出現以增強其軍隊的能力，結果，明朝聯合軍隊擊敗了日本侵略者。後來，陳寅將關帝廟起名為南關旺廟（van Lieu 2014，頁 42-3）。1602 年，明朝將軍在韓國建造了另一座關王廟，即東廟。韓國關帝廟的建立標誌著明朝試圖在朝鮮半島建立關帝崇拜的朝氣。儘管朝鮮王朝為本信仰組織提供了住所，但早期的寺廟和信仰組織仍然是外來因素，「關廟在朝鮮半島的建立確實是一場傷人折磨的鬧劇」（van Lieu 2014，頁 64-5；參閱 Son Sookkyung 2015）。有趣的是，隨著時間的流逝，關帝在後來的韓國儒家文化體系中立足。與中國或越南不同，由於朝鮮王朝（1392-1897）的贊助，韓國的關帝並沒有融入佛教，而是附屬於儒教。目前，根據 Seunghye Lee 在 2020 年 2 月 25 日在哈佛大學演講的一項研究，首爾的興天寺在主殿前牆後面有一座關帝壁畫。在這種情況下，關帝完全不是佛教中的伽藍菩薩，而是該廟的保護神。

3. 越南文化中的關帝：歷史性疊加的象徵人物

(1) 說明關帝信仰如何傳播到越南的文獻記錄並不多。根據實地考察的結果，關公信仰是透過兩種機制傳播的：官方接受（越南人）和移民（華人）。這兩種傳播方式都是自願的。

關帝信仰透過封建中央集權主動採用和管理的官方方式進入了越南人的心態。根據台灣學者陳益源教授的研究，越南後黎朝從 17 世紀開始採用關帝作為忠誠、公義和勇敢的象徵，而人們則認為他是驅魔人。實際上，關帝經歷了歷史的風風雨雨，並滲透到越南文化認同中（陳益源 2013；參閱 Nguyễn Ngọc Thơ 2017b）。根據歷史記錄，早在 17 世紀末，關帝的象徵就被引入越南北方。《高平實錄》一書中指出，高平地區的關帝廟始建於黎永治國王的第三年（1678）。《昇龍古跡考跡繪圖》也提到，在昇龍（今河內）城堡的東門有一座關帝廟。自 17 世紀以來的南河國／廣南國（Đàng Trong）國王與後來的阮朝也接受關帝朝拜，並且在首都建立了關帝廟。正統歷史文獻，如《大南一統志》、《大南寔錄》、《嘉定城通志》等都有關於在諒山、清華、廣南、嘉定省等地建立關公廟的記載。阮朝授予關帝正式頭銜，並將其封印授予了許多當地關帝廟，其中許多關帝廟至今已還完整地保存其聖詔（例如堅江省迪石市的永樂神廟，閱覽 Nguyễn Ngọc Thơ 2017b）。

南定、清化、順化與義安等地的代表性關帝廟都是由地方政府在 18 世紀和 19 世紀建造的，另外有些是由華人建造的（例如憲鋪、會安、寧和、藩切、胡志明市等地）。

據官方的記載[2]，越南關公信仰最晚在第17世紀上葉已經成立了。《升龍古籍考並繪圖》提到位於京城正東門之處唐屬交州度護府官員所建立的關公祠，黎中興鄭帥府重修，門樓上懸掛著「千古偉人」一牌。《高平實錄》一書中也記錄越南後黎朝黎永治三年（1678年）已經建立關廟。除了首都升龍城之外，興安、清化、會安、嘉定（今胡志明市）均有官方廟宇（參閱阮玉詩2014）。跟關公有關的現存經文可不少，譬如河內玉山祠中保存著九種文獻，包括《桃園明聖經》、《明聖經》、《明聖經註解》、《明聖經大板》等文。同時南定、清化、順化、會安、藩切、邊和、胡志明市等地至今也保留不少文獻、經文。從官方廟宇中，關公以民間的方式走進了社區，成為伏魔大帝、財神與伽藍菩薩。

圖39：河內官方鎮國寺正殿左側的關公祭壇：

周倉、關公與關平關公面像與姿態已經達成深刻的越南化（攝：阮玉詩2016年）

[2]本段主要運用台灣學者陳益源教授在《關帝信仰與現代社會研究論文集》一書中（2013年版）的「越南關帝信仰」一文，490-528頁。

神護國庇民稔著靈應肆今丕膺
耿命緬念神庥可加贈耀明安靜靈通利物
純正之神仍準堅江縣明香永樂社依
舊奉事神其相佑保我黎民欽哉

圖 40：阮朝皇帝嗣德堅江省迪石市永樂廟的敕封書（攝：阮玉詩 2016 年）

另一個傳播管道就是民間文化，主要由華人（唐人）移民帶來。十七世紀末，來自廣東、潮州、海南、福建、客家等五幫大量移居越南，主要生活在南部地區。潮州人與福建人多崇拜關公，其餘偏重祭祀天后，兩者都是華南風格的。在漫長的歷史過程中，當地越南和華人進行了許多文化交流，關帝信仰逐漸成為兩民族共同的文化象徵。本文的第四部分將深入討論此方面。

(2) 自十九世紀末以來，關公信仰在越南文化中一直處於“在地化”過程中，人們將他視為英雄和福神。與關公有關的活動，如關聖節、關公生日節和春節，早受到越南人民的回應，這使他們熱衷於參加關帝崇拜。對越南南部的湄公河地區充滿熱情的越南人將關公和觀音供奉在他們的家中，以保護和平、壓制惡魔和消滅邪靈。人們敬拜關帝，羨慕他，因為欣賞他的性格和歷史價值。

關公在越南文化中具有超自然的力量。在中國歷史上，關公代表著忠誠和公義，後來成為了守護神、文昌帝君和財富之神。儘管官方文化和民間文化很早就已融入關帝的象徵意義，但是，在一定程度上，我們仍然可以認識到官方和民俗的細微差別。在以前的中國文化中，關帝的官方象徵符號大受歡迎。自從君主制倒臺以來，關帝的經典含義已逐漸下降（縮小）。社會主義高峰之後，關帝信仰只能在民間文化中默默存在。改革開放後隨著市場經濟的發展，關帝在文化瓦解的過程中成為了簡單的財富之神。因此，在北京、天津等地的一些餐廳中，我們偶爾會看到扮演服務生角色的關公像。關公也許與中國不同，但它仍然是當代越南文化中的傳統風格。官員們一直視他為忠誠人格的代表，人們一直視他為簡單的福神。除當地華人外，當地越南人很少將關公視為財富之神。幸運的是，在台灣、香港和東南亞的華人社區中，財富關帝的象徵意義仍然受到保護。

關帝在越南文化中體現了宗教精神和社會的兩個價值體系。不管官方還是平民團體，都維護了關帝的神靈涵義和精神符號，並沒有將他帶入世俗的物質生活。在討論越南南部地區的關公信仰時，越南學者山南（Sơn Nam）寫道：「在佛教寺廟中，關帝被稱為伽藍菩薩（Già-lam Bồ tát)；旅客們都可以去寺廟裡向他獲得算命竹籤。西貢（今日胡志明市），特別是堤岸地區（Chợ Lớn）與週邊地區的許多廟宇崇拜關帝。後來，人們添加了更多跟他有關的詳細資訊，但沒人知道為什麼」（Sơn Nam 1993，頁 100-1；Nguyễn Ngọc Thơ 2017b）。許多越南人還認為關帝是釋迦牟尼佛的化身（Philip Taylor 2004，頁 3）。在越南二十世紀初出生的高臺教中，關帝被視為為大將軍，與孔子、老子、釋迦牟尼與耶穌一起被崇拜（Jammies & Palmer 2018，頁 405）。我們在位於湄公河三角洲安江省農村地區--瑞山（Thoại Sơn）縣的案例研究中意識到，在 Núi Sập 鎮的華人福德廟中崇拜的不是福德正神，而是關帝。廟宇守衛說，起初當地華人敬拜福德正神，但後來改為敬拜關帝。其外，當地許多越南人佛教寺廟譬如靈山古寺(Linh Sơn Cổ Tự)、緣福寺（Duyên Phước Tự）、黃龍三寺（Huỳnh Long Tam Tự）等，有配祀關帝（實地考察，2014 年）。潘珠貞（Phan Châu Trinh）、潘佩珠（Phan Bội Châu）、黎紅風（Lê Hồng Phong）和阮安寧（Nguyễn An Ninh）等現代反法國英雄也受到共同敬拜（Philip Taylor 2004，頁 71）。據 Huỳnh Văn Tới 稱，儘管關帝之所以在中國受到崇拜是因為忠誠、公義、信任和勇敢這四個核心價值觀，但越南人也給了他另一種含義：智慧（Huỳnh Văn Tới 2018）。

我很幸運地參加了在安江省朱篤市關帝廟的關帝驅魔節。這座寺廟是由越南人建造的（參閱 Nguyễn Văn Hầu 1972 年）。一年一度的節日在農曆正月十四和十五舉行，是為了抵禦邪靈而慶祝的節日。正式儀式結束後，人們舉行街頭遊行。在移動舞臺卡車上安排了三位分別扮演關帝、周倉和關平的角色。關帝和關平經常坐在轎子上或以莊重的姿勢站立。只有周倉才是最活躍的人，他用劍表演武術，以開闢遊行道路與驅逐邪惡。當地人更加渴望在馬路兩旁等著一邊看看周倉跳神打舞一邊向關帝祈求保佑（2017 年實地考察筆記）。

關於關帝在越南文化中一直保留並增加其精神價值，並而沒有大力轉向世俗文化的方面，許多人對此表示懷疑，認為越南的經濟尚未發達，市場經濟才剛剛進入高峰期，傳統的社會價值觀還沒有引起轟動，因此關帝信仰並沒有受到物質生活的支配。這觀點可不成立的。越南在十九世紀中葉一直與法國文化保持聯繫。與許多東亞國家相比，越南的傳統文化受到西方文化的影響很大。風俗、信仰和宗教等方面也不例外。在南部地區流行的高臺教神譜包括釋迦牟尼、老子、孔子、觀音、關帝、李太白、姜子牙和天主教耶穌。從越南人文化的角度來看，關帝一直保留著越南的精神價值體系，這意味著他應該包含越南歷史、文化和民族心理的精神。

隨著歷史的發展，從十九世紀末開始，由於法國人的參與，越南阮朝對南部地區失去了控制。作為印度支那（Cochinchine）的典型殖民地，南部地區的社會逐漸朝著法國文化的主軸移動，並一部分脫離了傳統的社會風格。這種情況引起了許多衝突，還引發了許多起義浪潮，特別是建立了新的宗教團體（寶山奇香 Bửu Sơn Kỳ Hương、四恩孝義 Tứ Ân Hiếu Nghĩa 等）。二十世紀初，法國人加大了對殖民地的剝削政策，人民生活艱難。當時政黨還沒有建立。愛國的義工們需要一種能夠使所有愛國者聚集在一起而又避免法國發現的方法，因此選擇了象徵正義的關公及其精神。

圖 41：高臺教的神譜（www.daotam.info）

圖 42：安江省龍川市 Nuoi 雞飯飯店裡的祭壇（攝：阮玉詩 2016 年）

(3) 可以說，關帝在越南文化中獲得了巨大的文化賦權（cultural empowerment），他滲透了越南人的愛國主義。南部許多地方的關帝廟已成為當地志願者隱藏和討論建立抗法戰略的基地。前江省該禮市關帝廟的革命活動是一個典型的場合。“四傑”包括陳工慎、阮青龍、吳晉得與張文寬四位抗法英雄。當時，他們以及當地抗法的義士們利用本地關帝廟的後院當作起義活動中心，最後被法國統治者發現追捕與殺死。後來，當地人秘密為他們建造了“四傑廟”，就在關廟的左邊。為了避開法國人的注意，這座廟的名稱統稱為“關帝廟”。實際上，主要的活動當然是敬拜四個英雄。從那時起，關廟被稱為“四傑廟”或者“四傑陵園”，關帝節和四傑的祭日都舉行了盛大的祭祀活動。

朔莊省朔莊市五公廟（也稱武帝聖殿）始建於十八世紀，主要供奉關公、周倉、關平、靈光天尊以及張仙大帝。十九世紀中、下葉時代，朔莊市是義士們集中組織抗法活動跟基地之一。武廷參與陳文和兩位將軍被滅後，本地人設法建廟祭祀他們，最後把關帝等五位神仙與兩位將軍等同起來，把關廟改名為「五公廟」（đình Năm Ông），其中把兩種信仰結合成為一體。

同樣，在 1923 年，愛國者阮安寧（Nguyễn An Ninh）發表「安南青年的理想」一文章後，他宣佈成立「越南青年高望黨」，被人民稱為「阮安寧密會」。活動範圍包括西貢郊區到湄公河地區的金甌半島。更有趣的是，阮安寧在此運動中使用了許多英雄主義標誌，其中包括關帝符號。在關帝公義的精神下，黨員秘密集合與參加活動，等待起義浪潮的機會。此秘會活動了一段時間，阮安寧和其他志願者被法國人捕抓，並被轉移到大海上的崑島監獄服刑。在監獄中，阮安寧繼續使用關帝符號作為革命活動的象徵，並繼續與其他義人維持秘密活動直到最後一天。

當前，我們在許多關帝廟和其他廟宇中發現了關帝與當地英雄主義有關的證據。平陽省土龍木市的關帝廟中，除了祭拜關帝外，還祭拜古代十八雄王、十三世紀三度擊敗蒙古軍隊的陳興道大王、國父胡志明主席和其他將軍和英雄。

圖 43：「四傑」廟—關廟群體，左為“四傑”廟，右為關帝廟，兩者今日有同一個信仰圈（攝：阮玉詩 2015 年）

圖 44：在胡志明市範女士家中的祭壇上：觀音、關帝和天后（攝：阮玉詩 2016 年）

圖 45：朔莊市的武帝聖殿（攝：阮玉詩 2015 年）

總體而言，自十九世紀末以正義精神為主的關帝在越南一直在愛國主義和英勇起義的精神下醞釀其主要內涵，使關帝符號具有更高的地位。這也表明關帝在歷史上獲得了權力和疊加其象徵意義之後，他從神秘的世界回到了世俗的世界，但因蘊含著愛國主義的崇高價值而成為永恆的精神符號。

關帝在越南解構（deconstruction）與重構（reconstruction）之後參與許多信仰宗教的思想結構及其活動體系。除了代表忠誠的儒家道德體系外，關帝還成為佛教中的伽藍菩薩--保護神，道教中的協天大帝以及民間信仰中的保護神、福神和財富之神。跟華南地區、台灣、香港、澳門以及東南亞地區華人社群一樣，關帝在越南很多地方的儒佛道三教同源與民間信仰體系中分不開。最明顯的不同是，關帝滲透了法屬時期的歷史價值，使他在人們的精神生活中相當穩定。他的歷史疊加和掌權使關帝成為越、華兩民族文化交流的象徵，而不僅僅是越南華人社區文化特色的凝聚符號和傳統保護的唯一象徵而已。天后才是滿足其功能的象徵。

4. 越南華人社群的關帝崇拜：跨民族文化交流的橋樑

(1) 為了更深入地瞭解越南華人的關帝信仰與華裔和越南當地人之間的文化交流，我們不禁要探討一下越南華人的歷史和文化背景。這種歷史文化因素在一定程度上影響了華人社區與關帝崇拜相關的文化動力。

華人比古代人更早地移民越南，但最典型的浪潮是自十六世紀和十七世紀以來。南部地區在十七世紀末是一個開放地區，因此跟北、中部地區相比，華人後來才來到這裡。十七世紀末，廣東、潮州、海南、福建、客家等五幫華人大量移居越南，主要生活在南部地區。潮州人與福建人多崇拜關公，其餘偏重祭祀天后，兩者都是華南風格的。目前華人關公廟全國 30 多座，潮州人最多。它們分佈於河內、興安、峴港市、廣南省、廣義省、平定省、慶和省、平順省、胡志明市、平陽省、同奈省、頭頓省、西寧省、隆安省、前江省、檳椥省、永隆省、同塔省、安江省、堅江省、後江省、朔莊省、勃廖省、金甌省等省市。關公還配祀在其他神廟（天后宮、福德廟、感天大帝廟、保生大帝廟等）以及佛教寺廟（北行佛教寺廟、觀音閣、明月居士林廟等），其數量無可統計的。

總的來說，在越中關係中，華人社區在越南經歷了許多獨特的歷史進程。在最後的一千年中，這種經歷深刻地涵蓋了許多起伏。越南在整個歷史上曾多次被中國軍隊控制，並在西元前 111 年至西元 938 年和西元 1407-1428 年被中國直接統治。這些歷史事件嚴重影響了越南人對待華人的方式。總體而言，越南人民享有中國文化的一部分，但始終注意防止政治上的影響（參閱 Chee Kiong Tong 2010，頁 175-200）。歷史上曾移民到越南的華人受到歡迎和熱情對待，只要他們能證明自己願意永久定居越南而不損害國家利益（閱覽 Riichiro 1974）。否則，出於國防原因，他們必須遵守嚴格的規定（參閱陳荊和 1960，頁 2；Riichiro 1974，頁 151；Borri 1998，頁 92；Nguyễn Chí Trung 2010，頁 82；蔣為文 2013，頁 63-90；孫宏年 2014，頁 354；Huỳnh Văn Tới 2018）。

越南在 1627 年至 1775 年期間被分為兩國，北河國（Đàng Ngoài）和南河國（Đàng Trong）。南河國的阮主及稍後的阮朝（1802-1945），善待並僱用華人來擴大領土，發展國內經濟和國際貿易。阮主批准了華人難民在南方定居和開業，例如 1670 年代的楊彥迪、陳上川（陳尚川）、鄭玖等人（請參見 Wheeler 2015，頁 152；Chen Ching Ho 2008，頁 69-110；孫宏年 2014，頁 327）。西山王朝（1778-1802）由於與阮映（Nguyễn Ánh）發生衝突而嚴厲鎮壓了華人，儘管他們招募了許多華人秘密社團的成員（Choi Byungwook 2004，頁 33；Kiernan 2017，頁 258；Huỳnh Ngọc Đáng 2011，頁 26；孫宏年 2014，頁 329）。阮朝（1802-1945）實行嚴格的公民政策和行政管理，但仍普遍偏愛華人社群（陳荊和 1960，頁 5；Huỳnh Văn Tới 2018）。

在法國殖民時期（1858-1945 年），法國人希望將華人社區置於外圍，以消除他們在越南和中國之間的仲介作用（參見 Wheeler 2015，頁 158）。法國殖民者隨後對"分而治之"政策的應用進一步加劇了華人的辯證分歧以及越南人與越南當地華人之間的關係。在吳廷琰（Ngô Đình Diệm）統治西貢政權期間（1950 年代至 1960 年代），這一政策得以延續和加強。在 1954 年至 1975 年的越南北部，自 1956 年中國總理周恩來正式訪越以來，越南政府鼓勵華人申請越南國籍。

戰後，從 1975 年到 1986 年，許多華人感到脆弱。他們被視為資本家的目標，陷入了不安的中越雙邊關係，導致越南華人大規模流亡

（見 Amer 1991，頁 126-7）。然而，1986 年啟動的「改革」（Đổi mới）恢復了華人的一部分經濟生活。當前，國內華人享有越南公民的所有權利和義務（Huỳnh Ngọc Đáng 2011，頁 5）。根據越南國家統計局 2001 年的數據，越南有 856,412 華人（Rambo & Jamieson 2003，頁 140）。

總而言之，可以看出，當華人永久居住在越南時，他們必須動員並適應越南的文化和習俗。研究了十七世紀以來越南中南部的明鄉人（Minh Hương，較早稱為明香人）的在地化（本土化）過程，並證實了這一趨勢是越南華人社區的主流趨勢（Charles Wheeler2015，頁 159）也提出了類似的主張，認為強調當地華人很主動地邁進越南社會中去。

(2) 鑑於關帝標誌在越南經歷了歷史性的標記，並且由於具有如此特殊的歷史文化背景，華人社群不得不向關帝標誌做出調整。在我們從觀察中發現，華人社群從關帝與天后兩神明中選出一個當作跨民族文化交流的標記。當然他們選擇關帝（Nguyễn Ngọc Thơ 2017a）。

關帝節定為以下三個時間：農曆 6 月 24 日（關帝誕辰），農曆 9 月 9 日（死亡日），農曆 1 月 4 日（神化的日子），取決於具體寺廟的管理團體。祭品包括烤豬肉、烤鴨、麵條湯、粥、蛋糕、水果、麵包，但絕對不提供雞肉 [3]（參閱 Lê 2015，頁 76）。當我們在湄公河地區做田野時，我們發現許多家庭在奉獻關公時提供了雞肉，但牠們只能是母雞，而不是公雞。有些關帝廟，特別是越南人民管理的廟宇，提供素食。參與的老百姓有人進香和水果，有人提供金錢（參閱 Tsai 1968，頁 187）。

[3]根據許多越南華人的說法，與此禁忌有關的軼事很多。第一個假設是關帝有一個晚上睡覺，曹操追趕在關帝的營地附近，這要歸功於公雞鳴叫喚醒了關帝，所以他避免被殺。第二個假設是，根據中國的十二生肖，關帝出生於雞年的。

在茶榮（Trà Vinh）市的福明宮進行的案例研究表明，當今華人的關帝禮儀系統已部分在地化，尤其是受到當地越南人公共廟宇（đình thần）中每年舉行的祈安（Kỳ Yên）節的影響（參見 Trần Hồng Liên 2005，第 6 頁；Lê Văn Sao 2015，頁 77）。人們可以很容易地在儀式實踐中發現大乘佛教和民間道教的各個組成部分。通常，主要儀式如下：

I. 儀式前的儀式系列：主要是為了告知和「諮詢」關帝（透過抽籤儀式）有關廟會的時間和即將舉行的各種儀式活動；然後，為關帝雕像進行沐浴和換裝儀式。

II. 核心儀式：包括正式祈安和祭祀儀式，由主持人和當地華人團體的代表舉行。

III. 恢復儀式和群眾活動：包含提燈拍賣活動、戲劇表演等以感謝關帝和普渡孤魂野鬼。每年祈安儀式之後往往舉行宴會活動，還進行燈籠拍賣，並向窮人分發米和金錢。該寺廟每三年舉行一次戲劇表演（用越南語，在某些特殊情況下用潮州或廣東話），吸引了眾多觀眾。

另一個案例研究我們於農曆七月二十日至二十二日在平順省藩切市進行。當地華人社區每兩年舉行一次關帝大儀式和遊行。2018 年藩切市的關帝節包括以下三大類活動：

I. 邀請天后到關帝廟「參加」節日的儀式和其他準備工作。

II. 聖書開幕儀式，關帝的大祭祀儀式以及鬼魂的祈禱儀式。

III. 假面舞會與龍獅表演藝術，特別是在節日的最後一天舉行的大型關帝繞境活動，由一千多名華人表演者參加表演和遊行（實地考察，2016 年；參閱 Nguyên Vũ 2018）。

通常，在歷史上關帝節有"官祭"和"民祭"兩種模式。"正統"的"官祭"深刻地表示國家正式的禮節制度，有華人從華南地區帶到越南來，並在幫會和方言會館的保護下得到一部分的保留，特別由明、清朝批准並流傳下來的儀式典例。所謂"官祭"的儀式主要存在於少數有代表性的廟宇中，這些廟宇在省一級代表著華人社群的文化特徵。這種儀式類型濃縮地包含了儒家規則和價值觀的烙印。自然地，由於與越南人的文化交流的影響，這種儀式制度隨著時間的流逝而大大簡化了，尤其是越南阮朝傳世的公共廟宇（đình làng）中的年度典禮。跟官祭相反，民祭風格在各個地方儀式中很普遍，特別是農村地區。在那些地方，當地華人社區不負責維護種族身份，反而擁有更大的自由來以自己的方式創建和展示儀式系統。此典禮類型包含的道教和薩滿教派細微差別超過儒家和佛教的價值觀念。與華人不同，越南人傾向於以由阮朝彙編和批准的公共寺廟儀式之形式來組織關帝儀式。我們在天江省丐皮（Cái Bè）鎮的越南人關帝廟觀察到，每年一度的大型儀式的順序和內容與當地公共村廟的儀式和內容完全相同（田野資料 2016）。

Prasenjit Duara（1988a）的研究表明，關帝是"標準化"的象徵，他吸收了儒教、佛教、道教和其他宗教原則。縱觀整個歷史，關帝與中國東南沿海省份的天后享有同樣的地位。然而，在中國其他地區，沒有哪一個神能比關帝更好地代表中國文化（頁 786）。但是，關帝傳到達越南後就改變了自己的文化屬性和地位。

茶榮市的華人社區向我們展示了兩位神明之間關係的典型案例。這個地方共有五個華人群體，其中最大的是潮州人，其次是廣東人和福建人。福建人擁有著名的關帝廟（稱福明宮 Phước Minh cung），而其他華人則在其他廟宇中崇拜天后。掛在福明宮裡面的青銅色牌記載該廟成立於 1556 年。如果這個日期正確的話，這肯定是越南南部最早修建的華人廟宇（關帝廟）。由於這個古老，關帝廟在遊客眼中成名。但是，根據越南國家政策，華人各方言團體必須統一為一個社區。加入共同社區的福建華人人數很少，所以沒有很強的代表性。因此，福明宮和關帝的象徵無法成為代表當地華人的代表文化場所的文化象徵。取而代之的是，當地的華人協會考慮在關帝和天后之間做出選擇。最後，他們選擇了天后，並建造了一座全新的天后宮作為茶榮市全華人文化和宗教活動的聚會場所（實地考察資料，2014，2015）。自從天后象徵華人文化特色的現狀得以保留以來，天后取代關帝成為越南南部整個華人社區的標誌人物。

在許多地方，例如胡志明市、廣南省會安市、平陽省土龍木市、隆安省守承鎮、前江省該禮（Cai Lậy）市和丐皮（Cái Bè）鎮、永隆省永隆市和平明市、朔莊省美川鎮和大義鎮、金甌省金甌市和督河（Sông Đốc）鎮、堅江省迪石市等地，天后廟在維護和表達當地華人社區的文化認同方面發揮著最重要的作用而當地的關帝廟則作用較弱。在大多數情況下，關帝被認為是忠實的憐憫之神，陽剛之氣，其與天后的女性神崇拜相對稱。

但是，在其他沒有天后廟的一些地方，關帝和關帝廟在當地華人的心態中處於最高地位，譬如藩切省藩切市、同奈省邊和市、隆安省新安市、前江省美萩市和鵝貢（Gò Công）市、安江省隆川市和朱篤市、後江省未清市、薄遼省 Ngan Dừa 鎮、堅江省富國市洋東鎮和河仙市等地。根據我的觀察，大城市的關帝崇拜傾向於遵循可追溯到明朝的“正統”水準風格，而在較小中心的這種做法具有薩滿化現象的特點。安江省朱篤市的關帝廟由兩個部分組成：關廟（前殿）和孔子廟（後殿），關帝的儀式活動受到儒家價值觀的顯著影響。結果，該廟供奉的關帝信仰帶有“正統”的印記。在另一起案件中，一位在後江省未清市的華人相濟會擔任重要職務的人告訴我們，說他們必須維護當地的華人文化水準，因此，他們（當地華人）一直在努力培養文化，以使關帝朝拜活動既能展現傳統思想又能帶來文明氣息（實地考察資料，2015）。但是，當參加在茶榮省 Cầu Kè 鎮，朔莊省永珠市和 Vũng Thơm 鎮和薄遼省 Ngan Dừa 鎮的關帝節時，我們發現與民間道教和薩滿教派有關的民間文化藝術流仍然很濃厚的。薄遼省 Ngan Dừa 鎮，當地的華人關廟每年都在農曆正十五日和七月十九日舉辦供奉關帝大儀式。儀式上有許多薩滿教徒的活動，例如巫師用手割刺舌頭取血染「護身符」或者將荊棘球砸爛到身上以展現神奇的力量等（實地考察資料，2016、2017），這使得該地方整個禮節制度顯然是非正統的。

根據 Prasenjit Duara（1988a）的研究，符號的發展及其語義順序及其同時和不連續的特徵使我們能夠看到符號變化與社會變化之間的關係（頁 780-1）。關帝符號在越南人文化和越南華人文化中的不同作用反映了這一點。最初，這些符號具有華人特色，但是當關帝符號在越南進入“歷史性疊加”過程之後就成為一部分越南人愛國主義的象徵。

以上對華人移民史和越南各朝代待遇的研究表明，越南原籍華僑和目前的華人在本社群發展過程中學到了寶貴經驗。一方面，他們積極培育關帝的文化象徵，作為與越南人交待、融入越南社會的交流管道。但另一方面，他們仍在尋找透過天后、關帝和其他神靈創造自己身份的方式。

茶榮省 Trà Cú 縣 Đôn Xuân 村真明宮是一個非常有趣的信仰宗教群體：“真明宮”稱為「宮」，但是全體主要的風格是佛教寺廟的。整個佈局分為四個部分／區塊，從正門進去前兩個區塊是佛教正殿與大院子。大院子中間位置是彌勒佛與諸僧人匯聚的佛像雕刻一大尊，正殿裡立著高棉祖式的佛像。經過了前方兩區塊就到了後方真明宮與真命廟。左側的真明宮主祀關帝，還配祀頭部戴冠帽的天后。右側為真明廟，廟裡主祀媽祖。茶榮省 Trà Cú 縣是棉、越、華共處並存之地，所以真明宮全體很明顯地顯示三個民族的文化特色，各自滲透、互相彌補。

華人文化遺產很明顯地表達了越南華人社區精神生活的重要性，因為在這裡，人們可以清楚地傳達家庭、社群和整個民族的道德觀念和社會關係。詹姆士·沃森（James Watson 1985 年，頁 323）寫道：「國家在精英階層的幫助下，透過選擇一些受歡迎的當地神靈並保證他們傳遞所有正確的資訊等，試圖使當地人受其影響以維護秩序和對國家的忠誠」。帝制晚期的中華民族基於禮儀合法性可以成為文化同質化的強大力量這一觀點，強烈支持標準化的禮儀活動（Von Glahn 2004，頁 251-3）。因此，封建國家培育了許多正統的象徵，在生活的各個方面再現了其美德，並將其視為這些活動的核心部分。關帝就是這樣的象徵。華人將這一遺產帶到越南，並出於以下原因將其轉化為生存和發展之用：

首先，華人移居越南時要牢記自己的民族意識。此外，他們還必須對越南國家不斷變化的政策做出回應（包括 1600-1789 期間的北河國與南河國，及 1802-1945 期間的阮朝），並對土著社區（如果有的話）的不安做出反應。在殖民時期之前和期間，他們被允許建立並經營以會館為中心的會眾，因此他們在保持和發展華人文化方面具有一定的有利條件，他們自覺具有優勢（Elegant 1959，頁 10）。根據詹姆斯·沃森（James Watson1985，頁 292-324），中國傳統文化中的神靈代表著中國精神生活中國家管理的形象。然而，這些神明透過任命禮節官員和禮部記錄背景資訊來體現國家標準化的價值。越南華人和明鄉人的許多文化活動也擴大了空間和影響力，例如春節、清明節、中元普渡儀式等。最令人注意的是很多華人初一聚會在廟裡神明面前一起做「團拜」儀式，提醒大家時時刻刻是社群的一部分。

韓國學者 Choi Byung Wook（2004，頁 38）曾經寫道，「（越南華人）在衣著、語言和生活方式等方面顯示出他們願意加入越南社會」，但仍然保持著與華人的血統和身份。特別是在 1986 改革開放之後，文化整合過程變得更加有效。在過去的幾十年中，越南的經濟、社會發展也促使華人更好地融入越南社區。

其次，在與越南當地人交代的過程中，文化交流和適應是在數千年來中越兩國文化交流形成和發展的有利環境下進行的。由於這種關係，越南人作為東亞文化圈外圍群體吸收並融合了中國文化，以加深其傳統文化價值，從而增加了越南文化的多樣性。但是，就越南華人而言，其人口相對較少。他們在與越南的國家和人民交流中扮演外圍團體的角色。關帝與關帝信仰表明他們已準備好融入當地社區（多閱覽 Wheeler 2015，頁 157；蔣為文 2013，頁 63-90）。早在 17 世紀中葉，中國僧侶釋大汕（Thích Đại Sán）在他的日記《海外記事》中寫道，在會安，華僑的風格沒有重大變化。但是，台灣澎湖舉人蔡廷蘭於 1835 年從海上漂流到越南廣義地區之後來到了會安，他說那裡的華人（主要是福建人）與中國當地的福建人相比有“不同”的禮節風格（閱覽蔡廷蘭 1959；引用在 Wheeler 2015，頁 145）。

5. 結論

民間文化是群眾在日常生活中結晶出來的智慧而非歷史的巧合隨機；因此民間文化時時刻刻都蘊藏著活力，它的精華智慧曾經當作正統文化的發祥資源以及各朝代、各時期發展話語的底層。民間文化面對正統文化的壓迫所建造出來的「準化」與「偽準」經驗一切反應民間文化的理性反應與自衛機制。當中國民間文化中典型性的最大傳統信仰—關公與天后崇拜—跨境國界，傳入了越南，經歷了歷史、社會大變動的壓力，各自尋找出解構與重組、整合方式，最終發展同時成為民族特色與跨族文化交流的標誌。

關帝的精神價值與越南當地的反殖民運動息息相關，因此該象徵人物參與了歷史上的掌權和疊加過程。長期以來經歷了各代越南統治者雙重政策和越南與中國之間不安歷史的華人逐漸適應了這一變化。這些共同的經驗豐富了關帝的象徵意義，關帝成為華人和越南當地人之間的文化交流之橋樑。這種替代性轉變生動地反映了華人不斷融入越南社會的努力。文化轉型和調整仍然是越南當代華人社區關注的焦點。

☆本文原以〈越南文化中的關公信仰〉發表於 2014 年台灣《文學新鑰》期刊。經修改更新後重刊於此。

第七章
越南海南華人的昭應英烈崇拜

阮玉詩、陳氏碧水[1]

[1]越南胡志明市國家大學社會科學與人文學院文化學研究生。
電子信箱：tranthibichthuy1982@gmail.com

摘要

海南華人對 108 位昭應英烈崇拜最初是很久以前在海南島形成的，但在越南中部海岸發生了一起事件之後，在越南進行了標準化（orthopraxy）和正規化。1851 年，一群海南商人在海上被越南廣義省海上巡查長官指控為海盜並不公正地殺害了。同年，他們被阮朝嗣德皇帝公正地解冤，並為難民封號為"昭應英烈"。其崇拜受到朝庭的敕封之後逐漸地轉變成為一種象徵符號，成為海外海南華人社區的公共崇拜和重要標誌。其崇拜跟隨海南商人和漁民傳播到中國海南島。從文化研究的角度來看，這種轉變不是自發的。其崇拜反而充分展現了海南人社區的集體意識和自我敘事。108 位昭應英烈崇拜在一定程度上已成為社區"上游精神"的象徵，涵蓋了跨境環境中隱藏的文化和政治話語。

關鍵詞：越南、海南華人、昭應英烈崇拜、儀式正統化、自我敘事

1. 歷史背景

(1) 1851 年事件

本研究所集中討論的是 1851 年事件發生之後的 108 昭應英烈崇拜。越南阮朝國史《大南實錄正編》（第六卷，條目 1851）有記錄其事件。在 19 世紀中葉，越南中部海域海盜出現頻繁。阮朝派孫室事與範赤率領軍隊進攻海盜。1851 年 5 月，孫和範擊敗了許多海盜。一天，他們在廣義省水域看到三艘船，懷疑是一群海盜。他們向船開火。結果，有 70 多名海南人船員遇難。孫和範後來向朝廷報告並要求獲得獎勵。嗣德皇帝覺得奇怪，並命令官員秘密調查此事。結果顯示，1851 年 4 月 18 日，有 3 艘船停泊在 Thị Nại 河口外。孫和範沒有仔細檢

查，突然開火。一艘船起火，另外兩艘船向東跑。孫和範立即追捕他們。船上的船員出示了由越南代理商發行的合法商人卡。他們說，他們將在越南中部做完生意後返回海南。孫和範堅決不相信他們，並命令將其殺死。共有 76 人喪生，並被扔入海中。事後，嗣德皇帝下令處死孫、範和其他相關人員。同時，皇帝命令越南的海南人社區成立祭壇，為死者自由祭祀。

目前，這一事件被記錄在廣南省會安市昭應祠和峴港市昭應祠大殿前大廳的兩個碑上（中文和越南語）[2]。其內容跟《大南實錄》的記載大體上相同。不過，死亡人數改為 108 名。題詞記錄還強調，這 108 名昭應英烈非常神聖，他們經常救出遇險的船員。從那以後，越南各地的海南人社區建立寺廟，並在每年農曆六月舉行祭祀儀式（田野資料，2017，2018）。

我們從中部到南部進行了實地調查，發現峴港、會安、萬寧（Vạn Giã）、芽莊、胡志明市、迪石、富國島等地的海南人講的故事都是一樣的[3]。一些故事添加一些小細節。例如，有一個故事告訴我們 108 位難民曾多次出現在嗣德皇帝的夢中。另一個說法告訴我們，有 107 人被殺，另外一個倖存了下來，但是沒有說明這個人是如何被免於被殺的。尤其是在堅江省迪石市的海南會館（也稱為 108 昭應廟）中，我們被告知該事件發生在柬埔寨和越南交接的水域，船夫被海盜殺害。我們將在本文的以下部分中再次討論此細節。在馬來西亞（檳城、柔佛、吉隆坡）、新加坡、泰國南部和印度尼西亞（峇里島），我們發現海南人之間流傳著兩個故事。一個與越南峴港市昭應祠紀念碑上記

[2]這座寺廟是由峴港海南華人建立和管理的。到 2016 年，這兩個石碑已經入庫，但原因不明。

[3]越南北部沒有大規模的海南華人社區。到目前為止，該地區尚無 108 昭應英烈崇拜或廟宇的記錄。

錄的相似，另一個與中國海南島兄弟公的故事相吻合。柬埔寨和菲律賓的實地調查我們尚未進行；因此，本文並未涉及那些地區的情況。

當我們比較這兩個記錄（《大南實錄》的官方記錄和越南海南華人社區流傳的故事）時，我們發現以下的相同點：

I. 1851 年夏天，三艘海南商船下水，船上所有人全部遇難；

II. 經調查，任命阮朝的官員發現他們不是海盜，但仍下令殺人和搶劫；

III. 嗣德皇帝懷疑，下令進行秘密調查，然後發現真相，並下令處決有罪的官員；

IV. 皇帝授予死者正式封號，並允許廣南省和廣義省海南社區建立祭壇供奉和定期獻祭。

除了事件發生時的不相容之外，上述兩個版本之間還有兩個主要區別，即：

I. 嗣德皇帝的秘密調查報告指出一共 76 名受害者。孫和範在他們的報告中估計介於 70 到 80 之間。當地海南人故事中的數字固定為 108。值得注意的是，數字 70、76 或 80 沒有特殊符號意思，而 108 是包含中國儒家精神（起義英雄的精神）的特殊符號。稍後我們將討論這個數字。

II. 在官方紀錄中，嗣德皇帝下令在廣南和廣義省的海南社區建立祭壇，以像普通的祖先崇拜那樣供奉海上死者。但是，根據民間記錄，嗣德皇帝允許越南各地的海南人民建造寺廟並將其作為公共信仰進行崇拜。這種崇拜起初可能是個簡單的崇拜，但後來發展為公眾信仰，並得到了進一步的正統認可。

2. 文獻評論

在最近的幾個世紀中，從華南傳播到越南和東南亞的華人信仰是多種多樣的，例如關帝、天后、北帝、土地神、財神等；然而，很少見到在華人東南亞組建的信仰或者得到東南亞皇帝的認可而成為正統的信仰。在過去的四百年中，東南亞各地發生了無數的華人移民大屠殺。死者受到當地華人社區的敬拜，但並未成為公眾信仰。來自越南的 108 位昭應英烈更加特別。

在研究越南的華人社會和文化的學術界中，Fujiwara（1974）、Amer（1991）、Barrett（2012）、Wheeler（2015）和一些越南學者是最典型的。但是，研究越南海南人的社區文化真的很少。Tracy Barrett（2012）討論了二十世紀初期法國統治下河仙地區做胡椒種植之海南人社群的流動性及其與海南島的關係。Nola Cook（2004）在她論文的一部分中提到了海南小型貿易商及其在海南島，越南金甌和新加坡之間的長距離魚乾貿易。Chew（2010）調查了越南富國島的當地華人（主要是海南人和潮州人）社群機構、教育和漢語學習情況。Trần Thị Bích Thủy（2017）在其碩士論文中研究了越南中部和南部海地社區海南華人的 108 昭應英烈崇拜的現狀。

在缺乏對越南海南華人的系統研究之情況下，本研究不得不更多地依賴實地研究（自從 2015 年以來）。我們在越南中部和南部的不同沿海地區進行了幾次實地考察，以便我們可以與當地的海南華人社區保持聯繫。此外，我們還去了菲律賓的馬尼拉與宿霧；馬來西亞的檳城、吉隆玻、吉達和怡保；印度尼西亞的峇里島和丹戎檳榔，以及泰國曼谷與泰國南部進行實地考察有關的崇拜與海南華人團體。從東南亞的角度來看，許多發現確實對於補充這項研究的線索確實有用。

關於馬來西亞海南華人的信仰問題，中國作家石滄金（2014，92-101）在他文章的一部分中描述了馬來西亞和泰國南部 108 昭應英烈信仰的現狀，主要是列出這些地方的寺廟數量和地點。石強調，108 昭應英烈廟宇和禮儀社區主要位於沿海地區，特別是海南商人舊時乘船度過的地方。該描述與 Nola Cooke（2004，139-156）的聲明完全一致，其涉及 18 和 19 世紀從海南島經過越南中南部、柬埔寨海岸、泰國南部、馬來亞半島的東面到新加坡做生意的海南人長途沿海貿易路線。

值得一提的是，108 昭應英烈崇拜很早就起源於海南島的民間文化。它的原始形式被稱為「兄弟公信仰」，據信起源於明朝（西元 1368-1644 年）期間（請參見 Yan 2018）。幸運的是，中國研究員李慶新（2018）詳細討論了海南島漁民和商人的兄弟公崇拜的起源和演變。然而，作者只關注海南島上的海南文化，而忽略了 1851 年事件在越南發生的影響，並得出結論，這是從海南島向東南亞地區的單線傳播。同樣，石滄金（2014，97-8）引用了海南島的當地故事，講述了 109 名漁民出海捕魚的故事。其中，有 108 人被海盜殺害，只有一名還活著。在這項研究中，我們證明了相反的方向，證實了早期起源於海南漁民和商人社區的兄弟公崇拜是一種簡單、無系統、多變的民間信仰（另請參見李慶新 2018），等到 1851 年在越南發生的事件之後，其信仰收到越南嗣德皇帝的承認和封號才正式「標準化」和「統一化」成為海南人社區的標誌信仰之一，稱作「108 昭應英烈」信仰。108 昭應英烈信仰跟著海南華人商人返回海南島以及傳播到東南亞其他地方。

如今，在東南亞許多地方都可以看到 108 昭應英烈廟宇或配祀祭壇，例如印度尼西亞峇里島的昭應祠（建於 1888 年）。在泰國曼谷挽叻（Bangrak）的海南昭應祠（1871 年）、那空是貪瑪叻（Nakhon Si Thammarat）的昭應祠（1895 年）和慈英祠（日期不詳）、北欖府的昭應祠和北大年的另一個昭應祠。在馬來西亞，檳城、吉達玻璃市、Teluk Intan（霹靂）、麻六甲、Kemam、柔佛、登嘉樓和吉隆坡等地都有昭應祠或者配祀 108 昭應英烈的寺廟。在新加坡，市中心海南會館（建於 1857）和大巴窯的昭應祠（建於 1940）有祭祀 108 昭應英烈。在中國，海南島的西部有些主祀 108 昭應英烈的廟宇，主要稱為「兄弟廟」或者「昭應廟」。當前，108 昭應英烈崇拜跟龍尾娘娘和懿美娘娘（也稱冼夫人）一樣成為東南亞海南華人文化的象徵。

3. 越南海南華人 108 昭應英烈廟宇系統以及年度祭祀活動

(1) 寺廟和信仰社區網絡

在今天越南的 83.2 萬華人中，海南人的數量最少，約佔華人總人口的 4%（閱覽 Tsai 1968）。他們主要在城市地區的餐館做生意，服務提供商人以及農村地區的漁民和農民。除胡志明市和峴港等大城市外，海南人主要生活在沿海城鎮和鄉村。

除了關帝、天后和其他海洋保護神之外，108 昭應英烈在越南中南部的海南華人社區被公認為漁民和海商的「海洋保護者」。在越南，朝廷承認與敕封的 108 昭應英烈是標准信仰。海南華人一邊建立昭應祠來崇拜他們，一邊在海南會館和其他廟宇中配祀他們。其他華人社區（例如廣東人、潮州人、福建人和客家人）均不崇拜 108 名昭應英雄。在越南中部，至少有七座主祀 108 昭應英烈的廟宇，分別在順化、會安、峴港、三圻、芽莊、萬寧和藩切。在越南南部，在金甌市僅有一座昭應祠。其外，在胡志明市、頭頓、美湫、迪石、建良、河仙和富國島等地海南華人廟宇中有配祀 108 昭應英烈的祭壇（田野資料，2015-2018 年）。這些寺廟和信仰團體之間沒有等級關係。相反，他們之間建立並保持了自發性的友誼聯繫。108 昭應英烈的年度大典禮定於農曆 6 月 14 日至 16 日。各地昭應祠祭祀儀式很盛大。不過，在配祀的廟宇中祭祀活動簡單一些。祭物主要有熟肉（雞肉、豬肉和蝦）、水果和蛋糕（實地調查數據，2016 年，2018 年）。

圖 46：會安古城的昭應祠—海南會館（阮玉詩 2019 年攝）

(2) 主要儀式活動

如上所述，每年的主儀式在農曆的 6 月 14 日至 16 日舉行。所有的事項要提前準備。在本文中我們以慶和省萬寧鎮的年度大儀式為例。儀式於 6 月 15 日 12:00 開始。首先，祭祀主持人（主祭大師），社區領袖和年輕人在昭應祠前面海灘上設立祭壇進行了「迎神（招魂）」儀式。祭品包括紙錢、紙衣服、犠牲煮熟的食物和其他祭品。主祭大師用海南方言念咒文，邀請了 108 位昭應英烈和其他在海上遇難的海南人來參加大典禮。儀式結束時，紙錢和衣服全都被燒了。儀式結束後，人們將 108 昭應英烈牌位帶回了昭應祠。按當地海南華人社區的規定，將牌位帶回廟宇中的人將在下一週年負責日常的禮拜活動（萬寧鎮昭應祠執行委員會委員 D.N.N 先生的口述，受訪時間：2015 年 6 月 21 日）。

主儀式的負責人者包括重要的社區代表和禮儀大師（祭祀公），例如：

I. 一位主祭大師（最重要的）；

II. 兩位陪祭大師，一位負責財神壇上的祭祀活動，另一位負責先賢的壇上；

III. 一位發言大師，宣讀儀式活動和遵旨，指導三位祭祀公進行儀式的各個步驟；

IV. 主要奉獻者：海南當地社區的代表。

以上所有人士都穿著傳統的海南服飾。他們的行為和舉止莊嚴執行。

主儀式大約在 20 分鐘內舉行，包括 7 個步驟：

- 第一步：敲響鐘聲並敲擊後，四位祭祀大師站在戶外祭壇前，向太空神（五虎龍神）獻祭；
- 第二步：主祭大師和兩位陪祭大師回到大廳，鞠躬三次並獻香；
- 第三步：主祭大師進行敬酒（三遍）和食物儀式；
- 第四步：發言大師讀了三句佛經，祈求和平與繁榮，然後鞠躬三遍；
- 第五步：奉獻 108 套紙衣服和紙錢。對於遠離大海的廟宇，這種儀式可以前往海邊做出；

●第六步：三位祭祀大師回到禮堂。所有人都在 108 昭應英烈和先賢牌位上鞠躬三次；

●第七步：主祭公與社區代表舉行了剪綵儀式，以結束儀式。

儀式上提供的祭物包括香、108 套紙衣服、水果、烤豬肉、三牲祭品（蟹、豬肉和雞蛋）、米飯、粥、茶、酒和鮮花。三年一度舉行在大型儀式時得準備了至少 5 頭烤豬，其中 3 頭專門奉獻給 108 昭應英烈，剩下 2 頭奉獻給財神和先賢（廣南省三圻市海南會館執行委員會委員 P.C.N.先生的口述，受訪時間：2015 年 12 月 5 日）。

社區儀式於 6 月 16 日開始。當地海南華人社區的成員和其他參與者參加集體聚會、宴會以分享他們的生活和商業經驗。

如今，由於便捷的道路交通系統和通訊方式，海南華人決定每年在同一地區的各座廟宇輪流舉行大型儀式。對這樣的安排，不同地方的海南華人代表與社區的人們聚集在一起參加和共用跨區域的廟會活動。同時，其餘廟宇按慣例舉行小型儀式。B.A.Q.先生說：「過去，在每個地方的廟宇自己對 108 位昭應英烈舉行週年祭祀活動是固定的，但氣氛有些寂寞。後來，各座廟宇委員會聯繫在一起，在不同的寺廟輪流舉行了大型的儀式，使活動越來越有趣」（對 B.A.Q.先生（56 歲）的深入採訪，於 2017 年在萬寧進行）。

「主儀式當天，社區代表聚集在一起敬拜 108 名昭應英烈，這被稱為「團拜」儀式。「團拜」儀式非常好。這是海南同鄉們相互見面，分享感情的機會」（對 T.B.L.先生（52 歲）的深入採訪，於 2019 年在會安市進行）。

無論如何，週年紀念日的改變擴大了海南人社區的儀式空間，這賦予了他們社會和文化力量。

4. 108 昭應英烈儀式空間自我敘事

(1) 規範眾神，規範民族文化

從本質上講，越南、東南亞和海南島的 108 昭應英烈崇拜現在已成為一種公共信仰，但它與華人祖先崇拜和公眾對孤魂野鬼的民間信仰有密切相關。它是神化的產物，在 1851 年事件後發生了標準化、正統化和統一化的變化。在 1851 年之前，海南漁民、商人和移民到東南亞各地繼續自發而無組織地崇拜兄弟公，這就是對在海上喪生的孤獨幽靈之集體崇拜。1851 年的事件成為一個轉折點，將這種崇拜推向了一個新階段：神化和正統化的過程。

美國學者羅伯特·韋勒（Weller）曾說過：「神化的理論指出，中國宗教信仰必須遵循一種權力結構。這是巨大的壓力，傳統的精英人士透過國家崇拜來增加這些壓力」（Weller 1987，頁 143）。在鞏固和向上奮鬥的強烈動機下，越南海南人使用嗣德皇帝 1851 年的承認與敕封將海上喪生的孤獨幽靈標準化成為「108 名昭應英烈」，並將無系統的民間敬拜轉變為一種統一性信仰。在人們的心目中，「108 昭應英烈」即是起義烈士又是保護神。

值得一提的是，1851 年嗣德皇帝允許廣南省和廣義省的海南社群為 1851 年事件的七八十名受害者建造祭壇；然而，由於社區的實際需要和精英階級的活躍精神，該崇拜後來已被修改並加強為一個完整的公共信仰。家庭崇拜「將祖先的身份意識形態轉變為親戚的榜樣」，並直接重申了家庭團結和孝道（Weller 1987，頁 24），而公共崇拜則承載著整個社區所共有的共同價值觀。108 昭應英烈崇拜位於家祀和社區公共信仰之間的儀式空間。

另一方面，對 108 昭應英烈崇拜已經從對孤獨幽靈的民間崇拜中正統化而成的。一般而言，華人將隱形力量分為三類，即神、鬼和祖先（包括先賢）。人們定期崇拜神靈和祖先。但鬼魂並不一樣。人們在每年農曆七月十五日時舉行了「餵養孤獨的幽靈」儀式，稱作「中元普渡」，並將其視為人文的象徵（詳見 Weller 1987，113）。從民間崇拜到正式崇拜的轉變與所謂的「標準化」機制密切相關，後者是中國傳統文化的共同組成部分。

「標準化」機制是儒家「矯正」的全社會公認形式。它篩選、選擇和規範當地的文化習俗，以適應儒家的正統觀念，並具有全國公認的價值觀。這一點我們不得不應用西方學者的「標準化」理論。詹姆士·沃森（James Watson 1985）在研究中國東南部的中國海神天后（媽祖）時得出的結論是，天后起源於自然死亡的一位福建湄洲薩滿婦女，後來被人們視為保護神，並受當地海員的敬佩。然後，她被「標準化」以承載朝廷認可的價值觀，並前後多次被授予「夫人」、「天妃」和「天后」的正式封號。沃森認為，一再下達的封號使天后聖母成為幫助建立晚期帝國中國「統一文化」的「工具」。

基於沃森的概念，Donald Sutton（2007）等人在分析每種特定情況下的多層話語之方向上進一步討論和修改了「標準化」理論，以查看所有基層社區概念的運動，反應和敘述。因此，信仰實踐的存在，演變和意義一方面受暫時的政治觀點支配，另一方面又生動地反映了基層社區的象徵力量和渴望。本研究中 108 昭應英烈崇拜的神化和正統化過程與 Sutton 的觀點非常一致，並強烈表達了社區及其敘事的積極作用。

有人說，在多民族地區或偏遠地區，「中國特性」（Chineseness）的特徵已得到明確和有力的界定。目的是概述華人與非華人之間的區別（參閱 Wang 1999；Hostetler 2001；Sutton 2007）。在此案例研究中，海南華人當地社區面對越南和越南文化，他們加強利用中國式的「標準化」和儒家價值觀來建造本族群文化特色。

在另外的一項研究中，我們發現到，在過去四個世紀中，天后跟隨華人移民從中國南方流向越南和東南亞地區。由於華人移民與當地社區之間的實際文化關係，到目前為止已定義了兩種名稱，即媽祖和天后。與東南亞的其他文化相比，越南文化或多或少受到中國儒學的影響。因此，越南人在一定程度上熟悉儒家文化中的「標準化」模型。實際上，越南華人幾乎使用「天后」的正式稱呼，而印度尼西亞或馬來西亞的華人社區大多數仍然習慣使用民間名稱「媽祖」（特別是當地福建華人社區）。顯然，我們對東南亞華人的民間信仰和禮儀空間進行解釋時，必須深入於每種特定的語境中以及當地各個民族之間相互交織的關係下。今天，儘管晚期帝國主義的「標準化」這種機制早已結束，但民族文化上的「形式正統化」已逐漸成為越南華人文化的「自然反映」。

(2) 混合性的信仰

正統化的 108 昭應英烈崇拜由三個主要部分組成：原有的民間性兄弟公崇拜、中國文化中水滸傳的 108 起義英雄的大義精神和越南阮朝的嗣德皇帝封號的正統文化含義。正如李慶新（2018）所討論的，民間性的兄弟公崇拜起源於在明代的海南島。在 1851 年事件之前，海南漁民、海商和移民將其傳播到越南和東南亞其他地方。現在，在海南島上可以找到兄弟公崇拜的古老痕跡，例如，在海南臨高縣新盈鎮「英烈廟」。當地歷史表明，這些寺廟最初是為紀念在海上喪生的人們而建造的，後來被改名為「英烈廟」，牌位上寫著「昭應英烈 108 位」，並得到當地漁民和海上商人的普遍認可（閱覽李慶新 2018）。數字「108」及其含義可能在民間中單獨存在，並在 1851 年事件發生後依附於他們的信仰。除了海南華人外，廣東人、福建人和潮州人等其他地方團體也可能有類似的孤獨幽靈崇拜，但它們與 108 號無關，因為他們缺乏像 1851 年的事件和皇帝敕封的因素。許多當地海南人現在認為，108 位昭應英烈是《水滸傳》中 108 號英雄的轉世（見李慶新 2018）。如果說《水滸傳》中的「108」數字在 1851 年事變之前與兄弟公崇拜有著聯繫，那麼其含義代表什麼呢？

2016 年當我們在越南堅江省迪石市實地考察時，我們聽到了對 108 號的類似解釋。海南廟會執行委員會成員口頭發言，強調海南社區 108 名梁山伯英雄的化身，使其崇拜成為更有意思(田野資料，2016)。該廟後殿的《昭應公事略簡介》碑文上明確的把 108 昭應英烈稱為「百八羅漢義士」（圖 43）。

1851 年的事件之後，正是嗣德皇帝的敕封改變了情況，使其標準化和正規化，並得到了整個越南海南華人社區的廣泛認可。後來，維新皇帝（1900-1945）再次敕封 108 昭應英烈為中等保護神。跟嗣德皇帝的封號相比，維新皇帝正式承認了被神化成功的 108 位「中等」神明了。

圖 47：堅江省迪石市海南會館—天后宮後殿的《昭應公事略簡介》碑文

（阮玉詩 2016 年攝）

在東南亞各地，民間性的兄弟公崇拜可能在 1851 年事變之前就已經存在。但是，許多地方的社群後來接受了官方化成功的 108 昭應英烈崇拜。目前，馬來西亞的檳城、吉隆坡、印度尼西亞的峇里島和中國海南島等地都把其信仰稱作昭應英烈崇拜或者昭應公崇拜。

到目前為止，根據書面出版物和實地調查，我們發現東南亞對此有兩種形式同時存在的崇拜：兄弟公和 108 昭應英烈。李慶新（2018）在一文中提及到印尼峇里島昭應祠每年農曆 7 月中旬為 108 名昭應英烈舉行年度大儀式，這與華人民間文化中的中元節和北行佛教的孝道節／盂蘭盆節一致。顯然，儀式本身具有華人文化的民間文化特徵。然而，峇里島神廟是在 1851 年的事件之後建立的，該廟崇拜的對象被稱為「108 位昭應英烈」，而非兄弟公。因此，它是兩種崇拜形式的混合物。馬來西亞吉隆玻的情況有所不同。108 昭應英烈的祭壇是天后宮的附屬部分，當然天后聖母是主要神靈，昭應公他們只是配祀的對象。我們發現，當地華人崇拜的是正統化之後的 108 昭應英烈的崇拜，這與天后聖母崇拜的形式是完全一致的。該廟委員會的一位成員向我們講述了 1851 年事件的故事，並聲稱被神格化的受害者是所有在海上喪生的海南人的代表（實地調查數據，吉隆坡，2015 年）。檳城也有類似情況，108 昭應英烈和水尾娘娘和懿美娘娘一樣，作為海南華人天后宮配祀的對象（見蘇清華與劉崇漢 2007，頁 5）。

關於 108 昭應英烈崇拜從越南中部向海南島的回傳，會安市 B.K.Đ 先生和萬寧鎮的 D.N.N.先生證實，他們已與海南島當地 108 昭應祠的代表進行了溝通。兩位先生強調，海南既有兄弟公崇拜又有 108 為昭應英烈信仰（實地調查數據，2015 年）。

實際上，108 昭應英烈崇拜的歷史演變是一個疊加過程，其中不斷培育新價值（符號含義）並將其「疊加」[4]在其信仰上以維護社區利益。儘管今天崇拜的核心含義（即正義，英雄主義）仍然存在，但 108 昭應英烈信仰已逐漸蔓延到非海洋領域，例如商業貿易，服務提供和草藥行業。在當地神廟舉行的年度典禮上，許多人「投資」了他們的精神和財務「資本」（用布爾迪厄的話來說），以贏得聲譽，更重要的是，在該地區不同同鄉群體之間建立並擴大商業網絡。

(3)「上游」奮鬥的精神

108 昭應英烈崇拜的正式化表達了越南海南華人社區「上游化」的心態。從移民社區的身份出發，他們在 1851 年事件之後使用朝廷的認可和封號來修改和規範其信仰的內容、形式及組織結構，從而增強了整個社區的社會和政治力量。後來，在一年一度的節日上，它從單一的廟宇廟會模式變成了區域聯合模式，使各地方的海南華人社區能夠統一下來，從而鞏固、維護和增強族群傳統文化的特色和地位。

此外，在國家程度上，這是海南方言社區聚集在一起的另一種形式，因為原有的幫會制度在歷史早期就已廢除。越南中南部地區的華人幫會制度最晚成立於十六世紀。據 Đào Hùng（1987，頁 28）所述，當時的華人幫會是根據許多複雜原則（包括政治、文化、社會、語言方言和宗教等元素）以相對封閉和孤立的方式組織的（請參閱 Châu Hải 1992；Trần Khánh 2005；Barrett 2012）。明命皇帝於 1840 年廢除了全越南國土上的華人幫會。他鼓勵當地的華人建造與當地越南人相似的宗祠和公共村廟。法國殖民時期（1858-1954），華人幫會制度恢復，成為法國統治者跟華人社群的交際平台。後來，西貢政府在 1950 年代中期再次禁止幫會機構。如今，在全國所有主要省市都有由華人方言組成的地方華人社團或者同鄉會、相濟會，但它們並不是幫會的

---

[4] Presenjit Duara（1988a）提出了「疊加（superscription）」一詞。

原始形式，其對政治和社會領域的影響很小。在同一地區，奉獻 108 昭應英烈的海南華人各個社群聯盟舉辦大規模的年度儀式簡直就是一種努力。儘管對政治和社會地位沒有太大的影響，但它具有文化價值：跨區域的社區融合、社會交流和文化統一。在某種程度上，海南華人社群是精神上的「走上游」，打算透過儀式集約和結盟來加強社區資源和能力。越南南部金甌市的潮州社區也存在類似情況。當地潮州華人社區重新組織了天后信仰禮儀空間，以使民族文化更牢固地融入越南當地社會，從而增強社區能力（阮玉詩、阮氏麗姮 2018）。在另一個案例研究中，位於同奈省邊和市寶龍區客家華人為了走向社會融合而努力把傳統信仰調整，造成一種偽裝現象（阮玉詩 2019）。

(4) 衝突調解和虛構對話

種族之間的對話在世界歷史上非常流行。這是可以帶來和平與跨族溝通方式之一。我們使用巴赫金（Bakhtin，1981）的理論，將儀式空間及其不斷演變的變化視為一種有力的對話。

長期以來，越南國內外許多研究人員透過禮儀空間對當代越南社會中各團體、各成分對話進行了研究，例如 Kirsten Endres（2001、2002）、Hy V. Luong（1994、2002、2012）、Collin Long（2003）等。因此，傳統的道德共同體概念與當前的政黨一國家意識形態之間的對話是本國定義未來的最大關注之一（Endres 2002，頁 314）。我認為 108 昭應英烈崇拜最近在儀式上的變化至少與社區與國家之間的對話密切相關，這可以為越南進一步融入全球資本主義體係為整個社會的發展路線提供更大的推動空間。如今，儀式空間中越來越多的多樣性變遷與本國在現代化的辯證話語中日益增加的異質性相對應（參閱 Luong 1994，頁 108）。

108 昭應英烈崇拜首先是封建時代晚期越南海南華人社群對阮朝

的對話敘事。越南和中國之間的國際關係歷史上有很多起伏（Riichiro 1974，140-75），移民社群是最脆弱的群體。在許多情況下，華人幫會和其他社區機構可以充當連根拔起的集體機構，與國家及其地方當局進行溝通。巴雷特（Barretts2012）證明，在殖民時期，越南華人努力保護其幫會機構為「堅固堡壘」，以保護當地華人免受法國人剝削的殖民政策侵害。1840 年代後，越南華人的幫會機構被拆毀，當地華人的集體聲音被削弱。各個華人團體正在尋找其他管道與當局保持對話。經受國家認可的 108 昭應英烈崇拜就是這樣的一個管道。隨著朝廷的承認和官方封號的授予，至少在處理國家政策時，該信仰及其崇拜團體受到了保護。儘管法國人在十九世紀後期支持恢復幫會組織，其體系於 1950 年代被西貢政權進一步拆除。當前，在國際化和市場經濟的壓力下，隨著國家間社會融合的國家政策，華人幫會不再可用。其他形式的自發聯盟，例如本研究中的 108 昭應英烈崇拜的儀式聯盟是當前社會中的一種自發性的社會聯合。

在地方的視角下，海南華人與其他華人方言群體一樣，正面臨身份和融合的困境。Yuk Wah Chan（2017）在對越南南部華人社區的轉型和本地化進行的一項重要研究中，引用了當地華人的共同口號，即「越南是我的家鄉，中國是我的故鄉」。在過去的四十年的經濟改革和發展中，當地華人社區正處於社會融合和文化適應的強烈浪潮中。一方面，他們希望吸引更多越南人參加該社群一年一度的廟會節日，因為這是種族間交流和社會融合的生動體現；但另一方面，他們很難向當地越南人回答「108 昭應英烈」是誰以及為什麼崇拜他們等問題。也許堅江省迪石市的一個海南華人會館委員會成員講的一個故事就是一個例子：

「在嗣德皇帝時期，許多來自海南島的海南商人，乘船來到越南中南部地區和東埔寨沿海地區購買胡椒。那年，一艘貨船在從東埔寨返回海南的途中遇到海盜，108 人全被殺害。嗣德皇帝生氣並派兵鎮壓海盜，為 108 名受害者命名並授予封號」（L.K.H.先生的口述，於 2016 年進行的深入採訪）。

我們瞭解到，這是故意掩蓋事實的故事。當我們進一步詢問海盜是誰以及事件何時發生時，受訪者保持沉默。除了這個「海盜襲擊」故事之外，我們還找到了另一個版本。在這 38 個樣本中，有 6 個受訪者強調他們崇拜的 108 位昭應英烈來自《水滸傳》，「祖先傳承下來，當今人毫無疑問地接受了這一信仰」，以及「後來嗣德皇帝批准並授予了 108 昭應英烈」的封號。這六個受訪者的口述中，並沒有提到關於 1851 年事件裡的細節。其他故事則準確地講述了會安市海南會館壁畫和石碑上的歷史故事。我們請一位當地華人朋友去跟同一群人進行採訪，結果是每一個人都提到海盜襲擊的故事！顯然，當地海南華人社區正在為克服這一困境而努力，從而在基層一級對 108 昭應英烈崇拜的解釋和重新詮釋產生了表達靈活的態度。人們積極地做出自己的解釋；他們不只是繼承既定的意義守則來確保自己的利益（Gramsci 1971，頁 327）。社區文化傳統是透過在特定社會環境中的現實生活行為以及生活過程中涉及的各方之間的衝突的調停創造的。

108 昭應英烈崇拜的奉獻者之敘事多樣性是團體組織在當今生活中擁有多種聲音的主要原因。儀式本身因此是一個虛擬的對話。此外，它也是一個「平台」，透過利益相關者之間的對話關係來呈現和重建過去。瞭解這一信仰及其歷史發展可以幫助我們瞭解越南和東南亞當地華人的文化氣質和志向。因此，從跨區域比較研究下手和從歷史脈絡進行分析就顯得非常重要。

5. 結論

眾神祭祀活動的加強和透過儀式空間進行對話正在成為當代越南的流行管道之一，強調了其強有力的敘事和多種聲音。越南海南華人的 108 昭應英烈崇拜的形成和演變生動地表達了一個相對完整的「技巧」（subterfuge）[5]，可以處理多種目的，包括連接和加強社區網絡，保存民族文化，促進社會融合以及激發人們的活力和奮鬥精神，並提高儒家的正義與英雄主義。從海南島出發的兄弟公崇拜經過 1851 年事變和越南阮朝皇帝的認可引起了大轉變。其信仰又加上了儒家價值體系中的 108 位梁山伯英雄的起義精神，構成了 108 昭應英烈信仰及其禮儀空間的正式局面。過去的人創造了一個信仰，但是，當今的人們以自己的方式解讀和實踐其信仰，始終強調社區對於過去，現在和將來的對話。公共禮儀空間是進行此類對話的一種平台。

[5] Michael Szonyi（1997，129）使用的術語。

第八章
越、華文化之交叉與融合：越南南部地區傳統中的土地神信仰

阮玉詩、黎氏玉蝶[1]、阮俊義[2]

[1]胡志明市國家大學附屬社會科學與人文大學講師，文化學博士。
[2]國立成功大學越南研究中心講師。電子信箱：tuannghia@hcmussh.edu.vn

摘要

傳統的越南紮根在儒學文化圈，因此越南與東亞各國存在著不少相同點，其中有土地神崇拜。開始於土神、石神等單純的祭祀模式，越南人接受了中國土地神的正統觀念，其崇拜逐漸得到標準化。越南北部人稱他「土公」（Thổ công），南部人稱「地爺」（Ông Địa）。「土公」一直跟灶君（Táo quân）配合，成為北部人家中之神明，而「地爺」不一樣，他像華人的財神朋友。

從十七世紀以來，從華南遷移過來南部地區的華人帶來了華式的土地神與財神。在許多華人社群中，土地神與財神沒有明顯區分，都稱「福德正神」。經過文化交流，越南人與華人不約而同地把越式土地神與華式的財神一起供奉，成為一對共存福神，並進行分工：土地神保護家園與農業活動，財神保護店面與商業活動。

本論文採用文化學視角，運用文化交流與適應和文化組合的隨境見解等理論來探討這種民間崇拜。本研究證明民間神明在一定程度上扮演多元文化調和的功能，在不同背景上表露不同的角色及其影響。我們從研究中發現，越南華人帶著移民的身份，抱著落地生根的願望接受了越南人的土地神；反過來，缺少商業精神的越南人很願意接受財神。兩者是相互影響和融合的，並成為跨種族文化的雙重神明。這種文化交流顯示了當代越南民族強烈的跨種族交流感。

關鍵詞：越南南部、土地神、土地公、財神、華人、文化融合

1. 引言：神明的文化內涵－多方建造與栽培

神明在一定程度上是一種神聖的象徵（sacred symbol），起源於人類與環境的互動關係以及人類與自己的生命之鬥爭過程中。Sherry Ortner 認為，所有的象徵總結，表達和代表參與者的情感強大和相對無差別的方式（Ortner 1973，頁 1339）。神明反映著兩種現象：

I. 人類努力團結和依靠大自然，遵守自然規律（Cassirer 1956（1942），頁 19-42），將神明的權威和儀式祭祀作為人類共存和發展的社會習俗。Sherry Ortner 把象徵看作一種「概念化世界秩序的類別來源」以及「意味著成功的社會行動機制」（Ortner 1973，頁 1340）。從社會的角度，Mary Douglas 說，象徵是「概念化社會現象的類別來源」（Douglas 1993，頁 22-94）。

II. 希望神明是自己生命的救世渴望或者面對生活中混亂和障礙的精神力量保證。一些研究人員對此統稱為情感方面（emotional aspect）（Mach 1993，頁 24-5）。

通常兩者互相引用；然而，根據家庭傳統、社區慣例、教育狀況、意識形態以及心理狀態，個人強調其中的特定方面。換句話說，人們對神明及神力的感覺是個人的範疇；然而，在一定程度上，社群共同創造了與神明相關的社會象徵意義層次，使神明具有社會性格。因此，神聖的符號往往將本體論、宇宙論與美學和道德聯繫起來（Geertz 2017，頁 127）。

按照 Raymond Firth 的研究指出，象徵（符號）具有四大功能，包括表達（expression）、溝通（communication）、知識（knowledge）和控制（control）（Firth 1973，頁 77；Mach 1993，頁 34）。在特性環境的支配下，其中任何功能會顯然表露出來，因為「文化傳統和社會過程決定了符號的含義，並經常導致屬於同一文化區域的社會群體之間的慣例差異」（Mach 1993，頁 31-2）。所以說，神明符號的意義在於人間。不過，當符號被社群確定於承認之後，它反過來可以支配人生。符號傳達規範和價值觀，是以禮儀和神聖的形式呈現的，使它們充滿情感。社群從而把符號以顯而易見和不可避免的規則上強加於人們精神中（Mach 1993，頁 49）。

根據社會的發展，神明是根據群體的利益創造和培養了許多不同的話語。在東亞文化的歷史中，神明的符號受影響最深刻的是儒家價值體系，由中央政府透過當地官僚和精英階層的努力下普及天下，引起了 James Watson（1985）稱作文化「標準化」機制。符號／象徵沿著語義鏈而演變、發展起來，它們同時具有連續性和不連續性的，使我們能夠把符號的變化等同於社會的變革。在任何一個時期，神話的解釋舞臺維持著一個能夠表露出世界觀的交際和談判。同樣，Walter Burkert（1979，頁 23）也將神話作為一個傳統故事，其故事將次要地與部分地干涉到了具有集體意義的意念。大多數神話的版本中常見到的圖像和序列得到保留，但透過添加或「重新發現」新元素或透過賦予新型的意念，因此新的解釋將被設定在其中。即使新的解釋成為主導，原有的意思也不會消失，而是與新意念建立關係的。其情況使得神話多樣的狀態和角色可能在「解釋的鬥場（interpretive arena）」下得到協商和重新定義的（Duara 1988，頁 780）。

中國文化非常重視正邪之辯（orthodoxy and heterodoxy）（Katz 2007，頁 71-90）。凡是有皇家氏族承認與敕封過的神明都是正神。地方官員與精英分子他們不斷地運作好讓本地神明能夠得到國家的註冊與承認，要不然他們也照辦法來「正統化」本地的傳統（Szonyi 1997，頁 113-35；Sutton 2007，頁 1，3-21）。

許多作者指出，在整個明、清時期，中國民間傳說充滿了調和儒、釋、道三教的思想（Woodside 1998，頁 205；Duong N. Dung 2004，頁 311-312；Dutton & Werner 2012，頁 114），因此，官方的話語難以從原始意義層次上區分。比如說，關帝既是忠誠與義氣的象徵又是財神、福神與驅魔者；天后既是天官又是民間母神（媽祖）。

中華文化中的土地神種類與來歷豐富，但都是「正神」（orthodox god），他「受」皇帝的指令從事管制社區的次序與安寧。比方說，被視為土神的福德正神目前存在著在於不同時期「加封」上的神話版本，其中最普遍的是說明神明的起源故事。傳說周朝一位官吏張福德，出生於周武王二年（西元前 1134 年）二月二日。他自小聰穎至孝，三十六歲時官運來臨，在周成王二十四年（西元前 1098 年）榮任朝廷總稅官，為官廉正、勤政愛民。張福德至周穆王三年辭世，享年一百零二歲。所以說張福德的「大夫」身份。「因在古時，人類喜留美髯，壽終三天容貌不變，宛如活人一樣，眾人前往瞻仰，人皆稱奇」[3]。張福德逝世之後成為廉正、恩德的象徵。「百姓感其恩德，念念不忘，乃合資建廟並塑金身膜拜，取其名而尊為「福德正神」，故生意人常祀之，以求生意發展」[4]。周武王時，贈封後土，後世尊為土地公。

另一個傳說講述張福德的家僕身份但最後得到周朝的敕封。傳說他主人遠赴他地就官，留下家中幼女，張福德帶女尋父，途遇風雪，脫衣護主，因而凍死途中。臨終時，空中出現「南天門大仙福德正神」九字，蓋為忠僕之封號，上大夫念其忠誠，建廟奉祀。周武王感動之

[3]「土地公」:https://zh.wikipedia.org/wiki/%E5%9C%9F%E5%9C%B0%E5%85%AC（閱覽於 2019 年 11 月 18 日）。

[4]「土地公」:https://zh.wikipedia.org/wiki/%E5%9C%9F%E5%9C%B0%E5%85%AC（閱覽於 2019 年 11 月 18 日）。

餘說：「似此之心可謂大夫也」，故土地公有戴宰相帽者。

從此以後，張福德不斷地受到歷代皇朝的承認註冊或敕封，他的象徵意義因此得到加添。不少皇帝或官方人物把自己的命運染上張福德的恩德。據文獻記載，明朝明太祖朱元璋立朝時落難之時，曾宿土地廟，因飢寒交迫，食用供奉果品等物。後來朱元璋稱帝，他敕封土地公為「福德正神」。[5]

在台灣民間中，雖然作為正神，土地公是低階神明。他當然受社群的重視，每個社區有自己的「土地公」。美國學者 Robert Weller 曾經說：「（在台灣）沒有任何人在自己社群外的土地公廟進行祭祀活動」，土地公管理其社區，「但與地球官僚體系不同，他們領土的邊界隨著地面社會關係的變化而靈活變化」（Weller 1987，頁 38-9）。土地公經常穿著當地士紳的服裝，而不是大多數高階神明的官方禮服。土地公廟建築風格沒有城隍神輝煌壯麗，沒有龍鳳花紋或其他等級品牌的裝飾圖案（Weller 1987，頁 39，47）。當然，社區結構或社區聯盟的變化，也可能導致建立新的土地神廟，反映新的社會狀況（Wang 1974，頁 64-66）。土地公在越南文化中是個典型案例。

越南傳統上作為東亞儒家文化圈的重要成分，在各代封建集團的統治下，神明的正統化政策在某些歷史階段中相當流行。特別是陳朝末期、黎朝初期時代，當儒家價值體系受重視（超過佛家思想），神明的註冊、標準化與正統化政策也非常活躍。Keith W. Taylor 在研究越南古代佛教故事《蠻娘傳》指出，越南中世紀的朝廷開始注重於利用神明符號，進而把正統化之後的神明滲透社群中去操作標準化之功能。於是，原始作為受印度婆羅門教／佛教的土著「阿蠻」被改為「蠻

[5]「泉州泉山土地公宮」：www.mhztt.com（閱覽於 2019 年 11 月 18 日）。

娘」之稱，同時把故事內容徹底地標準化。據故事說，阿蠻跟印度道士來往，懷了孕，生下女子，後來女子當佛。在中世紀儒家們眼光下，未婚女子懷孕是不被接受的，於是，在他們的努力下，其故事得到新面貌：蠻娘有一天坐著睡著在廟宇大門，印度僧人傍晚回來不得不走大步越過蠻娘走進寺廟離去。突然蠻娘懷了孕，生下女子，後來變成了越南佛祖「石光佛」。在改良後故事的話語下，蠻娘懷孕生子是個神秘的佛緣，完全符合於當前社會道德體系的各原則（Taylor 2018，頁 107-122；Pham Quynh Phuong 2009）。

2. 越南土地神：來源及特點

越南土地神是中世紀越、華文化融合產生的成果。土地神原始形態是一種簡樸的石崇拜與土崇拜。當漢朝統治越南之前，其風俗已存在。越南是水稻民族。生活、國家與民族一切都從水稻文明開始，因此越南人早已建立崇拜土神的觀念。不過其概念一開始很模糊，土神尚未明確定型。到了封建時代，由於接受中國來的儒家文化體系其中的正統祀典以及標準化的神明體系，還加上起源於印度的佛教思想，越南土神信仰得到明顯的成立。神明形像也逐漸定型為一位簡直像彌勒佛一樣的神明。越南文化學專家丁紅海先生從跨文化比較研究的視角下認為，越南土神信仰接受中國土神信仰的信念，不過土地神本身的特點與外形深刻地體現著印度教中所存在的 Kubera 男神或者佛教中的 Jambhala／Zambala 與 Vaisravana 護法神。土地神在越南文化中是原始性的石神及土神（Đinh Hồng Hải 2014，頁 108-129），是「當家之神主」（Trần Ngọc Thêm 2001，頁 251）。

越南古籍《越甸幽靈集》（Việt Điện U Linh）與《嶺南摭怪》（Lĩnh Nam Chích Quái）中有提及到原始土神。比方說，安陽王傳中的高盧

（Cao Lỗ）或稱都盧（Đô Lỗ），是位石神（Huỳnh Ngọc Trảng et al 1993，頁 13）。《越甸幽靈集》還說明 Phù Đổng 村之土神就是建初寺[6]的土地神（Huỳnh Ngọc Trảng et al 1993，頁 14），還記載本土神「石卿」（Thạch Khanh）[7]跟唐朝豐州都督「土令」（Thổ Lệnh）競爭，但失敗了（Huỳnh Ngọc Trảng et al 1993，頁 15）。石卿的失敗表達了受儒家影響的土地神勝於本土原始性的石神／土神傳統。無論如何，「土令」早於第七世紀出現在越南（Huỳnh Ngọc Trảng，Nguyễn Đại Phúc 2013，頁 108）。

那麼說，從原始性石神、土神崇拜到成熟的土地神崇拜是越、華文化交流的過程。當漢、唐官僚努力實施「漢化」政策之後，本地土地神崇拜才成為一種流行信仰。按照《越甸幽靈集》的記載，土令是福神，人們建廟祭祀他。三江河上流地區的土神廟很有名，歷朝官方偶爾帶兵入廟進香。陳朝 1285 年，土令被敕封為「中翼王」，到了 1288 年被加封「雨聘」，1313 年又加封「威顯」二字，成為「中翼雨聘威顯王」（Trung Dực Vũ phụ Uy hiển vương）。《越甸幽靈集》中也提及到唐官於 713-739 年間為安遠地區 Già La 館立土地尊像，然後太守高駢於 860-873 年間在交州督護鎮左道宮建立土地廟（Huỳnh Ngọc Trảng，Nguyễn Đại Phúc 2013，頁 109）。兩者於 1285 年、1288 年與 1313 年受陳朝的敕封與加封。曾受敕封之後，土地神經從小規模的地方神明地位爬上了州郡級的正統神明地位。另外，按照 Huỳnh Ngọc Trảng 和 Nguyễn Đại Phúc 的研究，第一批正統土地公廟是由中國統制官建立的，之後各社群同樣做。根據文獻記載，唐官太守李元嘉於 822 年把昇龍城蘇歷河水神封為城隍神，然後高駢（866-868）加

[6]位於北寧省，建立於李朝（1009-1225）。
[7]也稱白鶴通城道館保護神。

封為「都府城隍神官」。大越國李太祖皇帝按照慣例把他定封為「國都昇龍城隍大王」（Huỳnh Ngọc Trảng et al 1993，頁 16；Huỳnh Ngọc Trảng，Nguyễn Đại Phúc 2013，頁 110）。昇龍城以東的滕州土地公廟不知何時落成，到前黎朝時代（980-1109）成為朝廷與官方舉辦求雨儀式之場所。黎臥朝王（1006-1009）敕封滕州廟土地公為「開天城隍大王」。其封號事宜意味著土地神與城隍神在越南文化中第一次的合併。到了 1288 年陳朝加封為「開天鎮國城隍大王」，然後於 1313 年得到第二次加封。民間還稱土地神為「開寧王」（Huỳnh Ngọc Trảng et al 1993，頁 15；Huỳnh Ngọc Trảng，Nguyễn Đại Phúc 2013 頁 110）。李朝皇帝下令在昇龍城建立「銅鼓神廟」（thần Đồng Cổ），敕封銅鼓神為「護國庇民」、跟城隍神同一等級的之神明（Huỳnh Ngọc Trảng，Nguyễn Đại Phúc 2013，頁 111）。到了李英宗時代（1138-1175），朝廷下令於昇龍城南面建立社稷壇，正式舉辦中國式的國家典禮（Huỳnh Ngọc Trảng et al 1993，頁 16）。

社會變更，神明的結構及內涵也變更。第十五世紀的黎朝大量推動儒家思想體系，全國走向大正統化運動，城隍神崇拜成為國家正規信仰。相反地，土地神的地位則下降且被視為一種不該祭祀的「淫祀」（Huỳnh Ngọc Trảng et al 1993，頁 18）。

在鄉村裡面，土地神被視為全體村民的保護神，有些地方土地神跟城隍神等同於一體。譬如，胡志明市舊邑郡（Gò Vấp）幸通村土地神廟，阮朝嗣德皇帝於 1852 年敕封為「鎮靜廣施博惠惇凝之神」（Trấn tịnh Quảng thi Bác huệ đôn ngưng chi thần）（Huỳnh Ngọc Trảng et al 1993，頁 24）。其外，舊邑郡 Cầu Sơn 村廟有配祀土地神，他常穿官方朝服。

把越南土地神種類區分是不簡單的事，不過大體上可以找到區分標誌。土地神崇拜經過漫長的時間之後處於官方與民間之間。民間把他視為土神，僅向他祈求風順雨調、家園滿意；官方設法利用土地神扮演皇帝所延伸的手，透過其符號意義和價值對社群施行教化功能。不過，官方所延伸的效力不夠，其原因有二，一方面土地神的教化功能於封建時代中、下期被城隍神所取代，另一方面由於越南中央皇朝的集權不夠強，民間總想方設法把土地神按照社群的愛好與意志而解釋其意思和價值。一般來說，越南土地神崇拜分為兩大類，包括：

概念性的土地神崇拜。本類型具有模糊性、開放性特徵，其信仰主要根據民間對於管制土地或管制社群的神明而成立的。值得注意的是，當越南進入第十七世紀時南北區分，廣南國開始南遷，侵略了占城國、真臘國，越南人接受了外族土地神的觀念，在中南部各地區進而成立新型的土地神崇拜：芽莊地區的 Po Inu Ponagar 聖母（被敕封為玉演妃娘娘），西寧地區的嶺山聖母，安江七山地區的處主聖母等等（Philip Taylor 2004）。

土地神為標準符號的信仰，又可分為兩小類：第一，社群性土地神崇拜。第二，家祀性土地神崇拜。社群性土地神信仰自身是個信仰單元，其廟宇主祀土地公，偶爾配祀其他神明。值得注意的是，公共性土地廟大部分由民間建立的，其影響範圍並不完全涵蓋整個村莊。跟 Weller（1987）所描寫的台灣土地公崇拜不一樣，一個越南信徒不限於奉獻自己村落的土地神，他也不一定屬於該村土地神廟的信仰圈。在越南傳統文化中，覆蓋全體村民心目中的神廟是正統化的，即是村城隍廟又是村行政中心的本村廟。由於土地神當作小區域的非正式管理神，土地神廟也可以開放性的原則接受其他神明崇拜的配祀。邊和市某土地神廟之左邊是天后宮，土地神是主祀的神明，天后是後來加祀的。

作為家祀土地神的信仰概念跟儒家正統「五祀」風俗離不開，可是其信仰內涵完全民間化。越南北方跟南方土地神崇拜有些區別，特別南方社會開放，民族風情豐富，土地神也有開放性，他跟華人的財神結合成為一對福神。

圖 48：同奈省邊和市土地廟正殿的土地神尊像（田野資料，2015）

一般來說，越南北方深受儒家文化的影響，土地神崇拜的意念與內涵離不開家中五祀體系。土地神是一位正神，被各朝代認可與支配。在民間文化中，關於土地神的最普及故事具有民間性、官方性的雙層印記，其民間性強調反儒學的價值。傳說昔時有位女人出嫁，她的老公很愛她，不過兩夫妻結婚多年仍無小孩。後來夫妻離婚，她再與另一位男人結婚（現任老公）。有一天老公去菜市場買菜，她在家遇到前夫，兩人述說以往的愛情，內心回憶湧現，情感十足。現任老公突然回家，兩人很尷尬，前夫只好躲在家門前的一大把稻草堆下。老公一回到家，看到老婆不高興的樣子，就想安慰她，想為老婆做菜。所以他把稻草堆點火來燒肉。稻草著火，燒死了前夫。老婆看她前夫被燒死，她也跳進大火自盡。老公覺得莫名其妙，不知道為何老婆要尋短，他豪不猶豫也跳了進去。三個人二男一女都被燒死。此愛情故事觸動了玉皇大帝的心，玉皇把三位都封為神。第一任老公當灶君，第二任老公當土地神，老婆封為管理市場買賣的女神（Trần Ngọc Thêm 2001，頁 250）。從此以後，土地神跟灶君和其他家中神明一樣，陪伴著百姓的家族文化。

中部地區土地神崇拜分成兩種：土地爺與土祁（Thổ Kỳ）。在功能上土地爺管理家中之事，土祁管理家園的土地。土地爺的造型一般跟南部地區相同，而土祁不一樣，往往是一組五位神明，以東、西、南、北及中央五方位執行保護職責（Huỳnh Ngọc Trảng，Nguyễn Đại Phúc 2013，頁 114）。

南部文化是傳統文化的伸延，許多方面脫離了傳統文化的軌道。南部地區土地神顯然起源於北方五祀崇拜，不過，其信仰形態比較模糊，土地神隨境而變。南部人跟中部人一樣把家中土地神區分為土地爺和土神。土地爺管理家裡，土神管理家園的土地。可是，關於神明造型，南部人對土地爺及土神並沒有明顯的區分。家園外也有土地神，民間稱他土主。土主就是社群性的土地神，土主廟（也稱土地廟）在村中均某些角落均有影響。有些土主廟供奉土主和處主聖母（Huỳnh Ngọc Trảng，Nguyễn Đại Phúc 2013，頁 114）

圖 49：吸煙的土地爺

圖 50：含有彌勒佛特點的土地爺（圖片：Huỳnh Ngọc Trảng et al 1993）

當南部人跟占族、高棉族、華族各族接觸，他們不知不覺地接受了他們的土地神觀念，豐富化了信仰內容。跟占族人交流時，越南人接受了 Po Inu Ponagar 聖母，把其信仰觀念帶到南部，成立了靈山聖母和處主聖母兩位「土神」（Philip Taylor 2004）。

跟高棉人接觸時又接受了 Neak Ta 土神信仰，民間稱他「Ông Tà」或者「Lục Tà」，並進行了「分工」：土地神管理家園，Ông Tà 管理農田（內、外對立的佈局）！在湄公河地區許多越南人土地廟裡邊沒有土地神神像，取而代之的只有一塊石頭。在其他許多場合上，土地神神像的造型簡直像高棉人的 Neak Ta 土地爺。甚至，金甌省丐渃縣（Cái Nước）三位神廟院前左側土地廟奉獻的是一位印度土地爺！

圖 51：金甌省 Cái Nước 縣三位廟的 Neak Ta 土地爺（田野資料 2015）

3. 越南南部的土地神崇拜

南部地區的土地神崇拜受越、華文化交流影響最深，故本節專門探討其信仰。

土地神大祭日定於農曆正月、三月、四月及四月十日（Huỳnh Ngọc Trảng，Nguyễn Đại Phúc 2013，頁 140）。祭品主要是甜點、餅乾和水果。做生意的人每天都準備祭品，不少人奉獻給他咖啡和香煙！不過，祭品千萬不允許黑豆糖水。黑色在陰陽五行觀念中代表著陰性，對人生意味著壞運。民間中還述說一個滿有趣的故事：以前有個小偷偷走了人家的黑豆，日後把黑豆種植在土地神廟院子內。主人發現後，在衙門起訴了小偷。小偷故意地把案件推給土地神。土地神憤怒，從此以後拒絕黑豆糖水！總體上而言，越南土地神的造型及其內涵主要體現以下幾項特點：

I. 造型豐富，均有簡樸、舒適、女性性格的外貌。在越南人的信念裡頭土地具有繁殖能力，所以土地神具有女性性格（Trần Ngọc Thêm 2001）。

II. 具有儒、釋、道三大教融合的特性。當起源於民間的土地神被封為家中五祀之一的神明，他戴上了儒家文化的色彩。百姓說「土有土公，水有河伯」（Trần Ngọc Thêm 2001，頁 251），土地神與河伯同等，都染上了儒家文化的影響。另一方面，土地公外貌像彌勒佛，姿態舒適充滿道家的風味。

III. 積累與融合多民族文化而構成的。特別是南部地區的土地神，他擁有越、華、棉、占等文化特點的融合。

IV. 為家庭與社群兩大範疇當作橋樑因素。作為家中五祀之一，土地神是家中的精神成員，但當他作為社群共同奉獻的神明，他具有社會價值體系。

南部土地神很活躍地參與民間文藝及各種娛樂活動。土地神永遠是位福神，他只能為民造福而非降禍。土地神造型特別像彌勒佛，他偶爾被看作佛祖的使者。公共土地神廟往往配祀觀音菩薩。邊和市土地神廟廟會等活動大部分都按照佛教的規格進行。在南部地區越南人社區民間女神廟廟會極為流行的仙女與土地神神戲(Chặp Địa–Nàng) [8]演出時，土地神常與道家的仙女同行。仙女遵命西王母下凡造福人間，

[8]其主要內容：仙女奉命西王母下凡趙土地神傳旨造福人間。仙女去找土地神，雙方對唱。

她去找土地神傳旨，兩者遇見用歌唱的節奏對話，其內容主要給民間祝福。可以說，土地神在某情況下是西王母的使者。脫離了三教的影響，土地神在老百姓的信念中是位一邊守護家園一邊保護農田的神明。一般的家庭中灶君、土地神都有祭龕。

圖 52：仙女與土地神神戲（Chặp Địa–Nàng）：扮演土地爺的演員

土地神很活躍地參與中南部地區村廟廟會—祈安大典禮。在舞台上，土地神是靈官，手拿著扇子，充滿氣氛地表演「加官進福」，民間稱「土地奉聯」。在其他表演節目中，土地神演唱「土地神生孩子」，其實是一種象徵性的細節：土地產生萬物及財產。在民間眼光中，土地神瞭解所有角落，他在舞獅表演時扮演帶路的使者，或許在海上祭神儀式中當作前鋒神（Huỳnh Ngọc Trảng et al 1993，頁 30-1，117，119-21）。因此，民間把他視為「門口土地接引財神」之神明。

越南華人土地神崇拜大體上跟中國大陸及台灣文化中的土地公

信仰大同小異。跟越南人相比，華人的「土地公」概念可以放大其範圍，任何具有管制社群的神明都可以看做「土地公」，譬如「本頭公[9]」、關帝、天后、北帝、福德正神、廣澤尊王等。胡志明市第五郡福建人會館「二府廟」正殿奉獻本頭公，牆壁上明顯地寫著「吾土地也」。第一郡 Cầu Ông Lãnh 地區有相互當多的福德廟，民間都是為「土地廟」（Huỳnh Ngọc Trảng et al 1993，頁 24）。

華人歷史上是移民群體，他們在越南及其東南亞地區的新地一開始採用一種「移民心態」來對待自己和其他人。在華人匯聚的華埠建立神廟，任何神都要附加管制社群的土地神功能。多年後，他們成了本地人，逐漸把心態開放，接受了當地區民的土地神。越南華人接受了越南人的土地神崇拜，安排其尊像在財神的左面。在馬來西亞及印度尼西亞地區，不少華人神廟裡配祀南洋土地神「拿督公」（Datuk Keramat）。形態上華人文化中的土地神或者拿督公跟傳統上的土地公大同小異，於新地接受新地之土地神就是一種「落地生根」的表現。

當前不少華人社群性神廟有配祀越式土地神。堅江省迪石市廣肇會館天后宮裡面同時配祀土地神、華光大帝、玄天上帝及財帛星君。朔莊省大義鎮天后宮同時配祀土地神與財神。其外，有些廟宇供奉高棉式的土地神「六淡公」（Neak Tà），譬如朔莊省州城縣安和村天后宮、Vũng Thơm 村天后宮等等（Nguyễn Ngọc Thơ 2017）。

[9]本頭公其實是個總稱，在不同情況下，范蠡、周大觀、鄭和等被不同社群看作本頭公。

圖 53：朔莊省州城縣安和村天后宮的六淡公（Neak Ta）（田野資料 2017）

圖 54：堅江省迪石市廣肇會館—天后宮的土地神（田野資料 2017）

4. 土地神與財神：共用尊位

西方學者 Geertz 認為，沒有具體的文化背景宗教作為一種象徵系統是不可能存在的。他還說，符號相互塑造，並受世界觀和精神的影響而構成的（Tucker 2004，頁 22-3）。從種族文化的角度來看，不同的心理策略和機制將導致文化適應過程的不同結果，包括整合（Integration）、同化（Assimilation）、分離（Separation）和邊緣化（Marginalization）。從總體社會的角度來看，這四項文化適應的成果最後導致多元主義（Multiculturalism）、熔爐（Melting Pot）、分類

（Segregation）和排斥（Exclusion）（Berry 2003，頁 23）。從實踐的研究中指出，華人信佛，大陸東南亞地區各民族大體上信佛，所以華人在大陸東南亞各地的歷史過程往往都是整合及同化兩種趨向。作為儒家文化之國，越南比其他東南亞國更靠近中國；因此，在文化交流的場面上，越、華文化適應與融合更加流行。土地神崇拜就是其中的一個例子。

土地神在越、華兩族文化中是一種闡述之符號（elaborating symbol）。按照 Weber 的觀點，限制代碼具有傳統性的，它與已建立的社會經驗更加不可分割，而詳細的代碼具有理性的，它明確地表達出來，而且跟背景無關（Weller 1987，頁 9）。普通人跟知識分子對符號的見解和感受有點區別。Converse（1964，頁 206-61）曾說普通人更容易受社會背景的支配。Robert Weller 強調，「意識形態會產生於儀式在社會背景和時間微小變化的任何場面，特別是在許多不同的群體（包括國家和地方精英）加強對儀式流行解釋的情況下。在解釋儀式的背景發生迅速變化的時候，以及精英們試圖阻止這些解釋的情況下，符號的實踐性解釋仍然依舊保留下來」（Weller 1987，頁 22）。所以說，文化交流與融合是一種自然性與自願性的現象，其過程不可缺少文化主題的主動性及靈活性。越、華兩族擁有其特點。在許多方面上，兩族共同創建了分享經驗（shared experience），而按照 Adam Seligman & Robert Weller 的研究指出，分享經驗是一種高度語境化的知識，它植根於一個具體背景中。兩個或更多完全不同的符號系統之間的隨境調整說，明瞭符號代碼和背景評論之間的對話，如何允許人們生活在一起，儘管他們之間有不同的傳統（Seligman & Weller 2012，頁 149，152，188）。

越、華兩族順從儒家價值體系。按照 Theodore de Bary（1953）的觀念，儒家思想旨在建立穩定和諧的社會，同時也鼓勵個人和公共改革，同時重新審視不同背景的道德原則和精神實踐（Tucker 2004，頁6）。在越南文化中，土著精神和本地化的儒家文化是在廣闊的佛教背景下共存的（Dutton & Werner 2012，頁 35），兩者互相彌補、互相融合。土地神與財神的整合就是其中一種典型的事項。越南人接受華人的財神，華人接受越南人的土地神，日後兩位神明經常在一起造福人生。

越南人以自願性的和強制性的兩種方式接受了中國標準化的眾神象徵，其中有福德正神，也稱財神。財神跟著華人進入越南，一開始在本地華人商業網絡人群中流傳，逐漸藉由越、華文化交流管道被越南人接受了。最令人關注的是越南人接受之後重新對財神信仰進行整合，他與本地土神結合（而非融合），最後成為雙重神明信仰。此雙重信仰反而被華人接受，在某種程度上可以看作多文化交流的標誌。

華人歷代移居越南。漢代到唐代時由於統治與同化政策，不少華人移居越南北部紅河三角洲。按照 Jennifer Holmgren（1980）的研究得知，移居紅河三角洲的華人最終都被同化成為越南人。後來宋末元初、明永樂時期等不少華人（士大夫、平民）進來，最後也被同化。唯一明末清初以來的華人移民由於歷史的帶動至今還維持著一定的華人文化認同。本論文討論的財神信仰是這個最後的華人社群帶來的。華人的財神指著多位神明，有關帝、濟公、趙公明等，但最流行的還是福德正神。

圖 55：越南式的財神與土地神尊像[10]

在越南人的心目中，土地神不能替換財神，反過來財神也不能代替土地神。他們的雙重佈局正好涵蓋了平民－官方對立、左右陰陽對立、農業－商業對立以及本地－外來對立的各種社會運動。土地神是守護家庭與農業之深邃，當社會前進發展，商業繁榮，人民沒辦法把土地神「加封」（superscription）財神的功能（主要由於土地神信仰本質與神明造型特徵）。那麼，百姓們利用華人財神來彌補不足之處。可見，華人的財神一開始是土地神，他也包含了越南土地神的功能，不過當越南人接受財神時，他們割掉了財神的土地公意涵，只留下守護商業、店面的財神此一功能。因此，越南土地神－財神信仰是多元結合、重新建構的雙重信仰。在接受財神象徵時，越南人單純地利用

[10]引自 choiphongthuy.com（閱覽於 2019 年 11 月 18 日）。

神明的功能而非觀察到神明的來源或者社會等級的代表。此結合事項正好補充了越南土神文化中缺少的範疇：官方性、商業性與時代性。反過來華人的財神得到越南人的接受與整合，象徵著跨族文化運動、交叉與妥協。越南人以主體民族的身份對待華人的民間信仰，華人以外延的身份貢獻了財神信仰，透過財神信仰加強跨族文化交流。跟馬來西亞華人接受馬來人土神拿督神一樣，越南華人反而接受了越南人整合後的土地神－財神雙重信仰。可以看的出來，目前華人也放棄了財神本身的土地爺功能，財神－福德正神經過不同時期的「加封」之後，隨著商業的發展逐漸脫離了古典文化的內涵範圍。此過程在關帝信仰本身也同樣發生，關帝從忠、義與起義英雄的象徵走向財神的位置。

所以說，越南土地神與財神結合成為跨民族文化的雙重信仰，其文化現象完全由民間主動創建。此文化運動背後的帶動力來自經濟資源（Pierre Bourdieu 1977；1986，頁 241-258）的觀點與社會發展浪潮，是不可消滅的因素。本資源確實跟歷代封建時代「標準化」運動有不同之處。歷代知識分子在地方官的協助下想方設法把本地神明升級成為標準神明（參閱 Guo Qitao 2013 一書），或者利用其他標準神明的光榮來展現本地神的色彩（閱覽 Michael Szonyi 1997，頁 113-35 一文）。在中國與台灣某些地方的地方神甚至被正統神「吃掉」了，譬如 James Watson（1985，頁 292-324）的天后信仰研究中指出。在一般跨國／跨族文化交流中，「正」與「邪」問題不是重要的因素，不過對於身受東亞儒家文化的中國與越南來說，正－邪區分值得探討。越南人以家中五祀其中的正統信仰－土地神為基礎，接受了華人的正神－財神；反過來，越南華人也同樣以正－邪而分的觀點接受了越南土地神。文化交流創建了新型文化資源，其資源體現在交流成果與創新性的運用，更深刻地體現在創新性的交流方式。在文化交流的過程中，文化整合與再整合是自然性的運動，其來源和過程離不開背景。在某種程度上，文化再整合是一種時代性的民間性的「封號」與「加封」。缺少貿易精神的越南人正處於走向市場經濟的社會，人人重視奉獻財神；反過來，正處於邁進在地化的華人以開放性、靈活性的心態接受了本地土地神信仰。在某種程度上，其文化整合代表著越南當前社會的特徵：從多文化背景上走向多元合一。

5. 結論

在中國也好，在越南也好，土地神也是財神。當人民以農為本時，所有的財產都是從土地而來。善於商業的中國人早期為土地神「加封」成為財神－福德正神，他逐漸成為招財進寶之神明。土地神崇拜起源於民間，經過一段被各封建集團體制化、標準化與理想化之後又返回了民間，成為傳統文化的一部分資源。土地神深深地紮根在社群及家族文化兩個場域上。因此，當缺少了國家的支配，其信仰確實不受其影響。不同的社群對於土地神從不同方式和不同角度表示見解與對待方式。傳統越南人注重農業，於此，土地神的文化內涵一直離不開土地和農田。華人土地神的成分與起源豐富，當華人移民到越南時他們以自願性的原則進行調整了本族傳統，用財神（福德正神）來對待越南土神。兩者互相參透與融合，成為一對跨族文化的典型民間神明。生活經驗建造了文化，反過來，文化充分地反映了生活。文化交流之所以那麼生動是因為它包涵著生活經驗。因此，對跨族文化交流之見解，我們不得不從具體的社會背景開始。在 Raymond Firth（1973，頁77）的觀點下，象徵（符號）具有表達、溝通、知識和控制四大功能，土地神與財神的配合確實強調了跨族文化的溝通。世界和平應不應該從文化符號的溝通大功能開始呢？無論如何，讓人們共用的符號說話！

第九章
越南南部華人文化傳播與變遷：明月居士林 [1]

阮玉詩、黃黃波

[1]本文於 2020 年發表在中國廣東《海洋史研究》期刊。

摘要

越南明月居士林（Minh Nguyệt cư sĩ lâm）是潮州華人的宗教派別（又稱明月善社），它綜合了中國佛教、道教、民間信仰、日本密宗佛教和純越南淨土宗佛教。目前，越南明月居士林在胡志明市、芹苴市（Cần Thơ）、沙瀝市（Sa Đéc）、朔莊市（Sóc Trăng）、薄遼市（Bạc Liêu）、金甌市（Cà Mau）和大叻市（Đà Lạt）均有場所。越南明月居士林在多元文化背景下被引入和發展，1954 年註冊為佛教的一部分。作為中國文化的延伸，明月善社（明月居士林的前身）在動盪戰亂的年代中興起、發展和傳播，隨華人移民傳入越南。越南的明月居士林必須佛教化，以便在保持宗教形式的情況下得到承認和發展。另外跟隨移民，越南明月居士林在二十世紀八十年代已經傳播到加拿大，美國和澳大利亞，形成了一個跨國網絡。

那麼，跟中國的明月善社相比，為何越南明月居士林堅持保持佛教性質？註冊為越南華宗佛教宗派對當地潮州人在同時保護民族特色與努力在地化的使命是否有好處？為解決上述問題，本文著重圍繞越南明月居士林的形成與發展，和其宗派的文化傳承與性質變遷展開討論，剖析越南明月居士林與佛教之間的密切關聯。相信對相關研究的繼續深入有一定幫助。

1. 明月居士林的前身
中國潮洲地區的華、日佛教文化交流

迄今為止有關越南明月居士林的研究並不多見。日本學者 Serizawa（芹澤知廣）與中國學者陳景熙，在田野調查的基礎上，對明月居士林的來源、傳承與發展，均取得了初步的研究成果。

芹澤知廣以日本佛教的宗派主義為出發點，討論在日本密宗佛教（真言宗）影響下中國潮州地區明月善社的形成與發展過程，進而探討明月善社如何傳播到越南。芹澤知廣認為，二十世紀上半葉日本真言宗在日本入侵中國沿海地區的過程中隨之傳播到了中國，抗日戰爭結束後日本真言宗仍在中國生存與發展。由於佛教包含著跨文化的普遍價值觀，一部分中國人認識到中國佛教與日本真言宗的聯繫，一些潮州人從潮洲地區把宋禪祖師崇拜帶到越南（南部地區），後來演變成明月居士林。過了一段時間，明月居士林在越南佛教體系中具有了官方地位（Serizawa 2015，頁 324-325）。

陳景熙先生對 1978 年中國改革開放後廣東省潮汕地區宋禪祖師信仰的研究發現，宋禪祖師信仰與當地神靈信仰、各民間宗教都有關聯，特別是與清末李道明天尊[2]崇拜以及黃大仙信仰相結合（陳景熙 2004，頁 271-296）。陳景熙進而探究中國潮洲地區明月善社發展的各階段，和其在越南與東南亞地區的傳播，陳景熙用了大量時間到越南各地探訪居士林系統以及相關人士，文章內容非常豐富。但其中並沒有提到芹澤知廣的文章，也沒有說明日本密宗佛教與中國明月善社和越南明月居士林之間關係與影響。陳景熙認為，明月善社從中國流傳到越南薄遼省西貢市，然後廣泛傳播到南部各地，在越南跟佛教關係密切，後成為華宗佛教的一部分。[3]

本質上，明月居士林是越南南部地區部分潮州僧侶們在家修行的宗教組織。跟其他佛教宗派不同，明月居士林不設僧團，其成員以遵循佛教精神為主，不離家割愛，形成居士團。信徒們在宗派精神下建

[2]李道明天尊為中國傳統道教八仙之一「鐵拐李」的化身。

[3]陳景熙：「越南明月居士林起源考」，2019 年越南會安《越南與東南亞地區中古時代港口文化交流》國際研討會論文集，未刊稿。衷心感謝陳景熙教授贈予我們使用他尚未發表的文章手稿。

立了自己的寺廟，名為「明月居士林」。在宗派忌日或者年度佳節時，各成員聚集於該廟，一起舉行祈禱儀式（Serizawa 2015，頁 312）。明月居士林成員的傳統語言為潮州方言，最近有一部分改成了越南話，特別是沙瀝市和芹苴市的居士林。

從宋禪祖師崇拜到明月居士林的成立，經歷了四個主要階段：

I. 宋禪祖師崇拜的形成時期（1701-1897）；

II. 宋禪祖師崇拜和李道明天尊崇拜合併，成立明月善社（清末時期）；

III. 傳播到越南，成立明月居士林（1940-1970 年代）；

IV. 隨越南華人移民，明月居士林傳播到北美大洋洲地區（1970 年代至今）。

按照芹澤知廣的研究，明月居士林這個名字來源於兩位祖師的名字，「明」（Minh）是李道明天尊的名字，而「月」（Nguyệt）是宋禪祖師「宋超月」的簡稱。兩位祖師之中，宋禪祖師是明月居士林的創始人。宋禪祖師，字超月，號一鏡，廣東惠邑靜海人，出生於 1568 年（明隆慶二年）四月七日，天資聰慧，1633 年皈依佛門（Serizawa 2015，頁 317）。陳景熙在廣東揭陽惠城區的永福寺考察時發現了銘記宋禪祖師於 1672 建立寺廟的石碑。按照碑文的記載，宋禪祖師卒於 1701 年，享壽 133 周歲。傳說，祖師去世後肉身不腐，引起了世人的關注。老百姓稱他為「肉身菩薩」，進而崇拜他。年復一年，此名號流傳天下，宋禪祖師崇拜不知不覺在潮洲地區紮根（陳景熙 2019）。

到了 1897 年，宋禪祖師的奉獻者開始組織祈禱儀式（扶乩）和其他宗教活動。從那時起，宋禪祖師崇拜正式出現了。學界普遍認為，明月善社的成立年份為 1944 年（Tan Chee-Beng 2015，頁 xvii-xxxi，292；Serizawa 2015，頁 317-318）。之後有人在潮洲地區向宋禪祖師進香後，就請了祖師香火帶到越南、馬來西亞和泰國（陳景熙 2019）。根據陳景熙（2019）的調查，1914 年宋禪祖師崇拜出現在惠來縣的大多數地方，1933 年傳播到汕頭市，1934 年到惠城，1935 年到潮陽，1944 年底到大埔鎮[4]。

明月居士林於二十世紀初接受了日本密宗佛教[5]。根據 Joseph Lee 的觀點，作為中華文明的邊緣社群，潮州人很熱心地接受外來信仰宗教，其中包括日本的密宗（Buttinger 1972）。另外，由於與印度尼西亞潮州華人社區有密切的經濟和文化關係，德教在潮州也非常盛行（請參閱 Tan Chee-Beng 1985；Yoshihara 1987，頁 61-79；Formosa 2010）。此時，日本在明治時期之後執行了「神佛分離」的政策，日本密宗僧人前往中國各地傳教，包括潮州地區（陳景熙 2004，頁 290）。

芹澤知廣認為，日本僧侶對在中國傳播佛法非常感興趣（Serizawa 2015，頁 313）。在八世紀，3 位印度僧侶，善無為（Subhakarasimha）、金剛智金（Vajrabodhi）與不空（Amoghavajra），將密宗帶入了中國，得到了唐朝的支持（Lehnert 2006，頁 89-92）。到了 804 年，日本僧人空海大師來到了中國，從不空大師的弟子惠果大師處繼承了密宗。空海大師於 806 年返回日本，在京都市以南的高野山建造了教王護國寺（也稱「東寺」），創立了真言宗（請參閱 Keown 2003，頁 149；Serizawa 2015，頁 314）。與此同時，中國的密宗與禪宗融合，還融入了其他民間信仰，幾乎脫離了正統。直到二十世紀初，與日本密宗僧侶接觸，才再次回歸密宗。

研究指出，一位名叫王弘願的潮州人於 1919 年將日本密宗文本

---

[4]根據口傳，明月居士林已經擴散到海防、中國的朝陽、香港的九龍和馬來西亞的檳城（Serizawa 2015，頁 318）。

[5]關於日本密宗請參閱 Rambelli（2006，頁 107-129）與 Keown（2003）。

翻譯成中文，其中包括僧人權田雷斧所著的《密宗紀要》一書，並在潮州地區建造了一座寺廟，邀請權田雷斧大師於1924年來訪(Serizawa 2015，頁 315）。權田雷斧將日本真言宗傳授給中國人。王弘願之後，開元寺主持純密大師系統性地接受了真言宗。他前後多次拜訪了泰國（1927 年）和新加坡（1929 年），親自把真言宗帶到東南亞地區（陳景熙 2004，頁 292；Serizawa 2015，頁 317）。

二十世紀及三十年代，一些越南明月居士林的成員赴汕頭學習真言宗。1943 年，日本的一本書詳細描述了日本大使為潮籍僧人舉行真言宗入門儀式的各細節，其中有從越南西貢過來的連壯猷先生（杉本良知 1943，頁 69,79）。後來日本密宗長谷寺各僧人偶爾赴華跟明月善社交流，加強了日、華密宗的關係（Serizawa 2015，頁 320-321）。

2. 越南明月居士林

如上所述，越南明月居士林原本是中國潮州明月善社的一個分支網絡。明月居士自 1945 年起出現在薄遼地區，在那裡建立了奉獻宋禪祖師的泰昌鸞壇，但直到 1947 年，西貢十二名潮州商人合作之後才宣佈正式成立。明月居士林主廟設在西貢市堤岸地區（現於胡志明市第五郡武志孝路 26 號）。

圖 56：芹苴市的明月居士林林廟

圖 57：金甌市的明月居士林林廟

當時居士們經常舉行扶乩儀式，許多可追溯到 1940 年代的遺物現仍留存（Serizawa 2015，頁 318；Lý Văn Hùng 1972，頁 206~208）。他們著手建立佛座，標準化其經文和儀式。根據芹澤知廣的說法，明月居士林一開始時邀請到了許多潮州與福建僧侶參加該組織的宗教活動，其中包括杜騰英先生（Serizawa 2009），他在堤岸時曾經做過堤岸區潮州學校的校長，用不少時間來宣傳明月真經。信徒們越來越多，把自己組織稱做「居士林」（Serizawa 2015，頁 313、319；陳景熙 2019）。明月居士林正式活動之後，馬上就接受了當地華人民間文化中的李道明天尊崇拜，不過居士林仍然維持佛教宗派的特徵。到了 1954 年，明月居士林在西貢政府註冊為法人實體，正式命名為「明月居士林佛學會」。在西貢政治家梅壽傳（Mai Thọ Truyền）先生（1905—1973）的贊助下，明月居士林成功地登記為一個佛教宗派—華宗佛教。

然而，在 1950 至 1960 年間，明月居士林儀式活動向道教方向發展。根據芹澤知廣的研究，直到 1968 年明月居士林才真正根據密宗佛教重新定向儀式活動。1974 年，日本奈良地區密宗僧侶長瀨寺代表團訪問了西貢，在本地介紹了真言宗，此後明月居士林完全取消了非佛教儀式（Serizawa 2015 頁 320-321）。

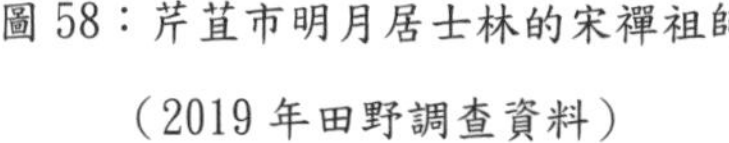

圖 58：芹苴市明月居士林的宋禪祖師（2019 年田野調查資料）

圖 59：同塔省沙瀝市明月居士林的李道明天尊（2017 年田野調查資料）

明月居士林在南部許多地方設立了分支。他們 1958 年在朔莊市建立了禪軒明月居士林，於 1960 年在薄遼市建立了月軒明月居士林，同時在金甌市建立了國軒明月居士林[6]。然後，他們於 1962 年在芹苴市成立了德軒明月居士林，於 1965 年在沙瀝市成立了恩軒明月居士林。到了 1968 年又在大叻市成立了明月居士林，也稱「永福寺」。所有分支都把胡志明市堤岸區居士林看作「總林」。此外，1970 年代居士們還打算在迪石、順化和潘郎建立另三個居士林，但尚未實施。

明月居士林每座廟宇的內部結構設施都很相似。以芹苴德軒明月居士林為例，一樓的空間用來祭拜三世佛以及設立交際、迎賓之處；

[6]根據 Thích Phước Hạnh（2012，頁 9）的研究，金甌市國軒居士林成立於 1958 年，不過按照大眾的承認，其創立年代為 1960 年。

二樓祭祀地藏王和諸位前賢。本廟的正殿設在三樓，中心位置的是釋迦牟尼佛，左、右側配祀宋禪祖師（左）和李道明天尊（右）。釋迦牟尼佛佛龕背後是觀音菩薩的尊像。正殿左右牆壁兩邊還設立伽藍菩薩與護法神龕，正門之處放置天壇。明月居士林的整體建築並不完全承載傳統建築，但也不是現代風格。大多數廟宇因為設在市區所以都沒有花園。金甌國軒明月居士林的結構與芹苴非常相似，唯一的區別在於不設三世佛龕而設彌勒佛佛龕以及九玄七祖祭壇。沙瀝市的廟宇結構簡單一些，整體建築包括兩層樓，一樓設正殿，供奉佛祖、宋禪祖師、李道明天尊、觀音菩薩、地藏王、伽藍菩薩、韋陀護法神以及前賢靈位。二樓是各藏經庫。朔莊市與金甌市每個地方其實有兩個明月居士林，一個坐落在市中心，另一個設在市潮州墓園。墓園居士林相當於市中心居士林的分支，主要供奉當地沒有家人祭祀的孤魂。神明主要有濟公、準提菩薩與十八位羅漢。根據當地老人的口述，當時為了向華人社群服務，墓園居士林先成立，當社群生活穩定了，華人相濟會捐了錢才建立市中心的寺廟。其口述史跟文獻記載和上述日本學者的研究成果均有出入，後者稱 1945 年在薄遼市先成立泰昌鸞壇，然後 1958 年成立朔莊市居士林（市中心設施），1960 年同時成立薄遼和金甌居士林。為了弄清楚這個問題，今後我們需要做更多的研究。

越南明月居士林各林之間的往來，主要是進行資訊交換或者在重要節日組織拜訪活動。執政居士林的一些成員可以在其他華人宗教信仰的祭祀委員會擔任多個職位。例如，根據筆者 2019 年所做的田野調查，在芹苴，一些成員既肩負當地明月居士林部分責任又參加了當地天和廟、關帝廟的董事會。他們之間形成了社群精英網絡，為當地社群設計與展開多樣性文社活動和擔保社會福利事宜。跟其他東南亞華人社區一樣（參閱 Huang 1995；Barrett 2012），華人社群中的精英分子一直保護、維持和促進他們社群的領先地位。

1975 年之後，隨華人移民浪潮明月居士林從越南傳播到北美和大洋洲，在多倫多、愛德蒙頓（加拿大）、雪梨（澳洲）和洛杉磯（美國）建立了 7 家明月機構（Serizawa 2015 頁 322；陳景熙 2019）。例如，多倫多明月居士林由越南移民過去的 K.先生於 1982 年成立，2007 年為了滿足當地越南華人的宗教信仰要求，開始舉辦了中元普渡儀式（民間稱為"孤魂盛宴"）（參閱加拿大中華佛學會明月居士林 2007，頁 13、24；陳景熙 2019）。澳洲的雪梨明月居士林也有類似活動。[7] 而越南的各居士林，比如沙瀝市和金甌市居士林，於農曆八月中旬舉辦佛教性的盂蘭盆節。可以說，與越南的明月居士林體系相比，中元普渡是明月居士林在北美、澳洲發生轉型的重要標誌—走向道教與民間信仰軌道。

我們對美國加州洛杉磯金甌華人民間信仰做了初步調研，他們於 1980 年代在此地建立「金甌天后宮」，其廟宇後來吸取了當地華人家族文化的傳統，逐漸成為越南金甌華人在洛杉磯的文化聚點。因此這種崇拜的變化並沒有從一種民間信仰形式的軌跡轉移到另一個範疇。根據洛杉磯天后宮管理委員會的口述史和記錄，當初越南金甌華人十二姓聯手建造了此廟，並建立了當地金甌華人相濟會和其他組織。所有的文社活動都以天后宮為中心。直到今天，在他們的意識中，天后原始的「家園」就是越南金甌市而非中國福建湄洲島。所以，春節前後的大儀式是把天后送走回金甌的「家」與迎接她回來該宮。跟洛杉磯天后信仰社群不一樣，北美與歐洲明月居士林屬於佛教宗派，其活動範圍很廣，其結構因為缺乏家族文化因素所以禮儀變化幅度很大。

---

[7]請閱覽 https://www.youtube.com/watch?v=WM7c-ufCl3E。越南胡志明市明月居士林於 2007 年舉辦成立七十週年的大典禮時，澳洲雪梨市明月居士林的代表於《西貢日報》(華文版)發表了祝賀專欄(Tan Chee-Beng："Introduction"，第 324 頁。)

它們在新的環境中進行了重新建構和重新解釋。

回到越南，1975 年國家統一以後，明月居士林繼續被越南佛教會認可為華通佛教團體機構。跟明月居士林同屬華宗機構的還有淨土宗、先天道佛教 [8]、後天道佛教 [9]、梅山、覺林、覺圓、鳳山等（Lý Văn Hùng 1972，頁 206）。

3. 明月居士林的變革：隨風而行

越南南部一直是佛教重地。越南南部人的儒家思想不斷衰落，不足以把社會各階層結合在一起，正如高自清（Cao Tự Thanh 1996）所說「不儒而儒，儒而不儒」。在南遷的過程中為了對待與統一當地土著「高棉族」（Khmer），以及中國華南移民，南部越南人使用佛教而不是儒家思想體系（FitzGerald 1972，頁 32）。然而，華人總是試圖將自己的傳統信仰與佛教拉近。

從傳統來看，越南人大多遵循大眾佛教，儘管他們仍然尊重儒家體系（特別是貴族和知識分子）（Buttinger 1972，頁 15）。根據楊玉勇（Duong Ngoc Dung）的說法，無論在什麼情況下，越南的儒家和道教必須學會與佛教協調（Duong 2004，頁 300），否則，兩者都沒有佛教影響大（Nguyen Ngoc Huy 1998，頁 93）。中國和韓國的士紳在許多歷史時期試圖抵制和消滅佛教，越南知識分子不同，他們沒有必要對佛教進行形而上學的反擊（參閱 Woodside 2002，頁 116-143）。

在五世紀末，中國皇帝驚訝於越南佛教的盛況，各地都有擁擠的

---

[8]包括藏霞（Tạng Hà）、飛霞（Phi Hà）、永德（Vĩnh Đức）、敬聖（Kính Thánh）、永安（Vĩnh An）、安慶（An Khánh）、合成（Hiệp Thành）、一德（Nhất Đức）、守真（Thủ Chân）、潮華（Triều Hoa）、敘群（Tự Quần）等分支。

[9]也稱做慶雲南院（Khánh Vân Nam Viện）。

寺廟及數百名僧尼（Taylor 1976，頁 171）。820 年，中國僧人來到越南建立了無言通教派。李朝皇帝李聖宗（Lý Thánh Tông）（1023-1072）繼續成立了草堂教派（phái Thảo Đường）。越南 1070 年雖然建立了文廟，但佛教仍然是國家思想建設的主要基礎（Taylor 1976，頁 179-180）。在陳朝時期，雖然古典儒學逐漸發展，但皇室和民眾偏愛禪宗，並利用佛教與占城聯繫以對抗蒙古軍。陳仁宗皇帝（Trần Nhân Tông）也在越南成立了竹林禪宗（Dutton & Werner 2012，頁 30）。值得注意的是，從第十七世紀開始，廣南國（越南中南部地區）比北部地區更崇拜佛教（Richey 2013，頁 68）。據李塔娜（Li Tana）稱，阮主專注於建立佛教基礎，使得儒家的影響非常微弱（Li Tana 1998）。阮朝（1802－1945）儘管從十九世紀初開始復興儒學，南方地區仍然主要是在佛教道德的基礎上運作的。因此，今天越南南部社會生活的幾乎所有方面都具有佛教印記。

越南南部的華人透過父系氏家族文化傳統（透過家庭生活、家庭教育、風俗習慣、儀式等）和民間信仰體系（關帝、天后、北帝等）兩方面的文化內容來構建和加強民族文化，並與佛教相結合。關帝在佛寺中化身為伽藍菩薩，天后聖母在湄公河三角洲的許多民間故事中與觀音密不可分。金甌市天后宮正殿左側的碑文說，天后聖母一直修佛了二十八週年，而非修道。茶榮省（Trà Vinh）Trà Cú 縣 Đôn Xuân 村真明佛教寺廟（chùa Chơn Minh）其實是個前佛後聖的結構。前面的正殿奉獻佛祖，後面左右側兩個後殿是關帝廟與天后宮（Nguyễn Ngọc Thơ 2017）。同奈省邊和市 Cù Lao Phố 島嶼上的大覺寺（chùa Đại Giác）之左側佛龕和茶榮省 Trà Cú 縣 Thanh Sơn 村的新龍寺廟（chùa Tân Long）後殿都有配祀天后聖母（田野資料，2017）。Philip Taylor 研究指出，許多華人把越南南部主處聖母（Bà Chúa Xứ）與天后聖母等同起來（Taylor 2004）。

越南明月居士林與佛教之間的淵源很深。由於起源於佛教背景下的宋禪祖師崇拜，中國明月善堂很快被認為是佛教的一部分。然而，一些祈禱的儀式譬如扶乩儀式、薩滿儀式，特別是李道明天尊崇拜的合流，使得這個宗派從十九世紀末以來更接近於道教和民間信仰。1930 年至 1940 年間與日本真言宗僧侶的接觸，使這個宗派回歸佛教正統，稱作明月善社。因此，從宋禪祖師崇拜到明月善社就是從佛教宗派轉向道教和民間信仰，然後又回歸佛教宗派的過程。

明月居士林在越南最初表達為道教的一種變體（例如泰昌鸞壇於 1945 年在薄遼市出現）。即使在註冊了佛教教派的法律地位（1954 年）之後，明月居士林的主要活動仍然帶有非佛教的氣息，接近道教和薩滿教（包括扶乩儀式，薩滿儀式等）。1968 年，明月居士林之首領呼籲各居士林消滅非佛教儀式，進而維持佛教宗派的本質。不過，等到 1974 年與日本真言宗僧侶直接聯繫之後，越南明月居士林才真正回歸佛教主軸。自 1975 年至今，明月居士林一直維持佛教教派的形式，其宗教活動與北行佛教均有對話和交流[10]。以同塔省沙瀝市恩軒明月居士林為例，本林於 2015 年 10 月 9 日舉行大型的成立五十週年慶祝典禮時按照佛教傳統進行的。當地參與者以佛教的精神來參加各儀式活動。根據我們的記錄，這個機構在每年的佛誕節、月圓節和其他重要節日都辦理佛教典禮，特別是盂蘭盆節會舉辦三天三夜的活動。根據 Thích Phước Hạnh（2012）的說法，在農曆正月十四日和三十日，金甌市民眾多人聚集在當地明月居士林吟唱佛經以祈禱平安。

[10]根據我們最近的採訪，沙瀝市、朔莊市與金甌市居士林於 1975 年偶爾舉辦扶乩儀式，後來受佛教教會的指導，其活動完全消失。

圖 60：芹苴市明月居士林居士員舉辦盂蘭節儀式的禮服（黃黃波 2019 年攝）

這裡還有一個需要注意的細節。明月居士林的起源結合了李道明天尊崇拜，那麼現在的明月居士林與道教和其他民間信仰保持著怎樣的關係呢？

很顯然，李道明天尊在越南華人社群中並不像關帝或天后那樣單獨存在。根據初步調查，在明月居士林體系內，李道明天尊往往與宋禪祖師組成一對神明。偶爾可以看到李道明天尊與宋大峰大師相配（蘇慶華 2003，頁 201-212、225-239）。在明月居士林系統中，李道明天尊站在佛祖和宋禪祖師之後的第三位。常見的結構為釋迦牟尼尊像位於中間，左側是宋禪祖師，右邊是李道明天尊。天尊的奉獻儀式完全遵守佛教典例。[11]

明月居士林系統之外，整個越南南部地區祭祀李道明天尊的至少有 4 座廟宇，分別位於胡志明市、朔莊市、芹苴市與薄遼市。朔莊市的羅漢壇是個民間信仰機構（接近民間道教），其奉獻對象包括民間諸神明（關帝、天后、濟公等），佛教諸佛（釋迦牟尼佛、觀音菩薩、羅漢等），明月居士林的宋禪祖師與李道明天尊。宋禪祖師與李道明天尊的祭壇設在正殿佛祖的祭壇後面。這種佈局表明儘管出現在一座民間廟宇中，明月居士林的兩位祖師離不開佛教色彩。同樣，在芹苴市的天和廟也有上述安排。胡志明市第六郡的天懿廟裡奉獻一百多名佛、儒、道與民間信仰中的諸神，其中包括有李道明天尊（2015 年田野資料）。其外，薄遼省 Giá Rai 市天后宮有配祀宋大峰大師與李道明天尊（Nguyễn Ngọc Thơ 2017）。當前雖然很少有根據可以將宋禪祖師與宋大峰大師聯繫起來，不過這兩位大師並不在佛教框架之外。

南洋華人學者 Tan Chee-Beng 先生（2015）曾做過一個總結說，東南亞華人把華與非華的信仰宗教儀式融合與和諧起來，這種文化適應現象使得當地華人既進一步加強其民族文化認同又達到在地化的目的。越南明月居士林最終成為了佛教的一個宗派，融合了淨土宗和真言宗。越南淨土宗極為流行，明月居士林不得不受這個宗派的影響。同時，淨土宗的形成和發展過程中受到真言宗的影響不少。當前明月居士林的活動不限於其宗教設施內，許多居士團用心地走向社群，熱情地參與群眾的葬禮和其他祭祀活動。

根據我們的觀察，金甌市明月居士林的居士們在當地非常活躍，

[11]例如 2016 年 8 月 8 日沙瀝市明月士林以佛教形式舉辦李道明天尊。請參閱 https://www.facebook.com/media/set/?set=a.387379298126771.1073741905.202097796654923&type=3.

他們被邀請到市中心某些家庭中舉辦祈求與送喪儀式。念佛經時他們主要講潮州話，身穿北行佛教的禮服。不少家庭喪禮後把去世人的「亡魂」寄託在居士林裡面，年度忌日、春節與清明節家人均到居士林拜佛和祭祖。本林以自願的方式為當地窮人提供棺材，同時為社群做出良好的貢獻。有一些家庭於年度祭祀活動或者清明祭祖時邀請居士林念經團到家舉辦儀式，在家主的觀念中，他們正邀請佛教宗派的念經團，許多人不能區分明月居士林與淨土宗。因為經過幾十年的大融合，明月居士林早已成為佛教社團的一部分了（2016、2017、2019 年田野調查資料）。如上所述，沙瀝市明月居士林每年農曆八月中旬舉辦大型的盂蘭盆節，其佛教活動很有效地把信徒聯合起來，同時很成功地把居士林的名譽培植在當地的社群中去。

圖 61：朔莊市羅漢壇的李道明天尊（Nguyễn Ngọc Thơ 2017）

圖 62：薄遼省 Gia Rai 市天后宮的李道明天尊（Nguyễn Ngọc Thơ 2017）

4. 結論

華南人崇拜多神，他們認為不同的神明與人類生活的不同範疇和不同方面有關（廖迪生 2000）。在佛教體系中，華南不同方言和地區的社群在佛教的基礎上產生了不同的宗派，其中不少吸收了道教或其他民間信仰的因素。潮洲地區從十七世紀以來的宋禪祖師崇拜在不同時期吸收了道教的李道明天尊崇拜和其他宗教形式，並吸納了薩滿形式和日本密宗佛教（真言宗），發展成為文化多元的宗派，然後傳播到越南及東南亞地區。在越南，1949 年其宗派得名明月居士林，註冊為華宗佛教教派。越南明月居士林不停地擴大其網絡，並不斷改革其佛教哲學，直到與日本真言宗直接接觸之後，越南明月居士林才在佛教軌道上紮根與伸延。從 1980 年代開始，明月居士林隨越南華人移民傳播到北美和大洋洲，為滿足當地越南華人社區的精神需求，這些明月居士林分支發生過多次改變與整合，多方地吸收（或者重新恢復）民間信仰儀式和道教中的各種因素，成為海外華人儒、佛、道、民間信仰相互融合的宗教機構。

明月居士林的形成與發展過程代表了華人移民的一種開放、慷慨之精神，其特點標誌著華人隨境變革與適應的一種靈活態度。其包容精神使得海外潮州籍華人在每一個特定背景下都可以穩定、安居樂業。明月居士林與佛教淨土宗或禪宗緊密相連的特點就是越南南部地區多元文化的一種典型表現，在越南人文化中能看到潮州人文化，同時在潮州人文化中可以找到在地因素。將生命與特定形式的宗教信仰聯繫起來，以便建造隨境變革的文化載體，是當前越南華人社群的一種普遍的文化運動。

第十章
越南金門人與他們的社會

阮玉詩、劉俊英[1]

[1]越南胡志明市食品工業大學講師，文化學博士。
電子信箱：luutuananh686@gmail.com

摘要

金門，台灣的一島縣，是中國大陸與台灣和東南亞之間的連字元，是住在許多國家和地區的華人之家鄉。金門華人在越南被看作福建華人的一個組成部分，當前分散地居住在越南南部各地，尤其是胡志明市。由於金門人與廣東、福建華人和越南人之間的文化交流很強，金門人文化日益衰落，其文化特色正在消失的危險中。本文是採用個案研究、訪談、問卷調查、參與觀察及檔分析的方法來描述、分析和評估胡志明市金門人的精神文化、物質文化等方面，透過其成果找出越南金門人文化的發展規律，從而提出合理的建議與恰當的計劃來維護和促進他們的社會。

關鍵詞：金門、越南、文化、孚濟廟

1. 越南金門華人的現狀

(1) 越南金門人

越南金門人被列為全國五十四個民族群體之一的華族福建人，聯絡上的共約一百至二百人。到目前為止，還沒有具體的統計數字。越南金門人分散住在越南南部各地，把自己看作福建人，調查研究並不容易。此外，他們採取統稱為華族的身份，與當地越南人或地方政府溝通時總不需要太具體地區別來自中國大陸還是來自台灣。越南金門人主要居住胡志明市的第五、第六和第十一郡。在 1975 年期間（南方解放），1978 年和 1979 年（在華僑事件發生後，中國襲擊越南北部邊境時），有些人離開胡志明市去住在東南部的平陽、同奈省和西南部的芹苴、金甌和堅江等省市。

根據越南胡志明市金門會館副主任唐惠銘表示，1975 年以前住在

胡志明市的金門人共有幾百人，但後來一大部分已經回歸台灣，其中60%繼續奔走第三國，通常是美國、加拿大和澳大利亞。這些華僑在新地方帶著越南人身份，返回越南探親時經常到金門孚濟廟拜神與拜訪同鄉們。越南金門人在胡志明市堤岸區主要是經營小型企業(零售、雜貨店），尤其是在鋼鐵領域、土特產、紡織品、塑膠製品、銷售平底鍋、雜貨等方面做買賣。然而，他們跟廣東人和福建人不同，幾乎沒有金門人開餐廳或旅館業務。在 1975 年之前，這個族群最有名的富人為李朝旺和盧天厚兩位先生，在唐人街地區頗為領先，但如今絕大多數金門人屬於中、下階級的市民。

(2) 越南金門人移民史

金門古稱仙洲、梧州、浯洲、滄浯等。在明洪武時代（1388 年）江夏侯周德興到金門島設鎮。到 1915 年金門獨立置縣，其經濟力主要靠水稻、高粱種植和捕魚為主。作為一個島嶼，金門自然條件惡劣，刮風下雨多、晴天少，土地貧瘠，農作物通常不夠吃，當地政府舊時各自為政，居民貧困。從鄭成功登上臺灣本島，更多的閩南人遷移金門和澎湖。據《金門縣志》，在清嘉慶和乾隆年間（1522-1567），金門人到新加坡、麻六甲、印尼、越南、泰國、呂宋島、婆羅洲等地做生意。許多人作長途貿易，也有人落戶在新地方，從而金門人認為南洋是「魚米之鄉」，是一個良好的居住地方（張火木 2005，頁 4-5）。

在 1937 年七七事變發生後，日本人占領金門島，捕捉金門青年服兵役、做苦工、挖戰坑、上戰場等。金門島戰亂，青年們逃走各地。在 1939 年之前約五萬人住在島上，但逃走的人數超過一萬四千餘人。在日本統轄全東亞地區的情況下，金門人認為以往海上商人稱讚的南洋是唯一的目的地，所以他們決定南下。他們集中於福建廈門，然後申請上商船去東南亞。他們根本不知道目的地，只知道「我要去南洋做生意」。商船到哪裡，他們落腳在哪裡。新的定居點主要是新加坡、菲律賓、馬來西亞、印度尼西亞和越南，其中集中最多的是新加坡。這樣沒有預期的停泊，最後也成了他們後代子孫的故鄉。南下的時候，他們的年齡通常是十八到四十歲。大多數是未婚青年，已婚者在逃走時也只好拋下家裡的人。到了新環境後，他們不得不切斷所有與故鄉的接觸。由於海程長遠、條件惡劣，很少女人去南洋。刻苦努力的金門人到達新的定居點時，他們從事各種行業為生，從搬運工、廚師、餐廳服務員、攤販、陶藝家、手工藝家等。他們通常與越南福建、廣東華人或者越南人結婚繁衍後代。也有些人帶自己的家人一起到越南。到目前為止，越南金門人與新加坡、馬來西亞、菲律賓等地之間的關係往來非常頻繁。也有一些人回歸中國抗戰。典型的是許翰如(1921-)和陳國礎(1899-1969)。許翰如原名林犁田，福建金門人，生於越南，1936年回中國參加援綏抗日救亡運動。陳國礎從小就到越南做業務，他成為了越南、新加坡華僑之間的橋樑，他回中國反抗日軍，成為一名高級中共黨員。

(3) 金門旅越同鄉會／越南金門會館

圖 63：浮濟廟前景（阮玉詩於 2013 年攝）

源於相互支持，金門人在越南南部政權與中華民國政權的支持下建立同鄉會，這是同鄉人相當成功的相互關聯，於 1970 年正式成立孚濟廟（金門牧馬侯祠）。1975 年後，這個會館關閉了一段時間，會員越來越少，孚濟廟幾乎安靜了起來。當新成立的時候，由於時間歷史社會的影響，本廟宇的全名是孚濟廟—陳興道[2]相濟會。

以前，每兩三年期間會館召開大會選理事會，但最近，參與的人少，同鄉人散落，理事會由各成員來互選。現任主任是錢有福先生，副主任是唐惠銘先生，節慶負責人是潘賢統先生。主要參與辦理同鄉

[2]越南陳朝大將，於 1258、1285、1288 年三次戰勝了蒙古軍，後來成為全國普遍保護神（多參閱 Pham Quynh Phuong 2009）。

會事宜人數不超過七、八個人。根據潘賢統先生表示，金門會館實際上不是像廣東華人穗城會館、福建人二府會館那樣的幫會形式，它僅僅是一個讓當地金門人相會、傳述老祖先各種故事的同鄉會。本同鄉會以孚濟廟為基礎，一邊辦理相濟功能，一邊實現越南金門人共有的香火事宜。他還說「已多年未參與會館事務。人事組織早已有名無實。大多數同鄉經濟力薄弱，亦無心參與。年輕一輩無長輩引領，與會館漸行漸遠。目前『孚濟廟』除了三、五位金門同鄉走動外，甚少見其他香客往來」。當前的會員人數不多，其他金門人不太願意入會，其原因相當多，主要是（1）看不出利益，（2）入會要交納各種會費（實際上同鄉會不收費，香火祭品完全是自願的）。其他人擔心本會收入不明，不妥當。其他金門人根本當地語系化成越南人了。

金門會館的財政原則是自願性的。在辦廟會時，比如恩主公、恩夫人聖誕會、春節等，理事會通常發送邀請函或直接電話邀請同鄉人與會。同鄉人絕大多數捐獻約十萬至二十萬越盾（相當於五到十塊美金）。有些家庭帶蛋糕、餅乾、水果作為供品。只有少數核心成員捐款一百萬至二百萬越盾。

自從二十一世紀初以來，金門會館逐漸受到台灣人的注意，主要是透過旅客的介紹。因此，本會館與金門縣政府和人民的來往管道恢復起來了，金門會館同鄉人們逐步擴大他們與居住在金門島上的鄉親恢復了關係，目前以文化與經濟交流為主。從加入金門文化圈以來，越南金門同鄉人也不妨地跟東南亞各國金門同鄉會加以聯繫、交流。該會館在 2011 年做了會旗以便於加強與地方的交流。金門會館每季也會收到一份金門縣出版的《鄉訊》小冊子。金門會館因為對社會作出不少積極的貢獻，曾受到當地政府的高度評價。在 1990 年，金門會館取得當地政府的補助。

在 2011 年 9 月 18 日，《金門日報》發表了一則重要的新聞，一個人名為趙寶福（三十餘歲，越南金門人）寫一封電子郵件發送到金門縣，信中表示：「現在金門同鄉多數沒錢，也少來孚濟廟（金門會館），年輕一代多數不懂家鄉話，他們只知道中國，忘掉中華民國了。因為中華民國政府也忘掉越南的金門後代。越南政府不久就會來沒收孚濟廟，歸屬越南政府管治，情況十分緊急，希望各地金門會館救助，各旅遊公司率團到越南孚濟廟參觀和救助。」由於臺北駐胡志明市的經濟辦事處已派出工作人員去瞭解來龍去脈。經辦事處瞭解：趙寶福為旅越金門同鄉第二代，年約三十餘歲，他的父親與叔父早年經常出入金門會館，後因經商離開胡志明市，漸與金門同鄉失聯。趙寶福返回胡志明市造訪金門會館，尋找失聯同鄉，適逢金門會館深鎖月餘，不能入門。於是揣測「越南政府即將沒收會館，四處陳情」（閱覽陳福海 2011）。如今，趙寶福已經定居在金門了。本論文作者親自去採訪時多次聽到當地同鄉人的責怪，台灣國立成功大學陳益源教授拜訪孚濟廟的時候也得悉，許多金門同鄉人對此事件憤怒不已。

2. 越南金門人的社會組織

首先是族群認同意識，一開始越南金門華人把自己看作越南福建華人的一部分（也稱閩南人／咱人）。他們認為福建文化遺產才是文化主流，所以他們的老前輩回憶中充滿福建特色。不過，由於居住與謀生的環境條件影響，他們跟越南廣東華人密切地聯合在一起。然而，在福建廣闊的文化空間內他們仍然把自己的族群空間縮小，堅持著福建金門島的來源。金門會館同址的孚濟廟中祭祀的恩主公是他們故鄉金門島與中國大陸的一座橋樑。隨著時間的推移，越南金門人追溯他們的祖先遠到唐代，牧馬侯陳淵率領十二姓過海開墾金門（浯洲）。對於他們來說，與台灣的連接主要是行政上，因為他們的父親被疏散到越南時根本還沒有中國大陸和台灣的分開局面。最近幾十年來，由於台灣人於 1970 年代開始得到關注，他們把目光轉移到台灣來，從此起源於台灣金門的意識逐漸成為主流。因此，到目前為止，越南金門同鄉人們社區已經成為越南與台灣之間的重要橋樑。1975 年越南南北統一後，由於客觀因素，越南金門華人默默地回歸福建人群。一直到二十一世紀初，台灣旅客與學者不停地找上門來，他們內心隱藏的台灣金門族群意識又興起了。在家族、家庭生活方面，當前的金門人強烈地受到南部越南人之影響，以核心家庭為基本平臺，宗族觀念幾乎不存在。父母不一定跟著長子，只要子女有條件，跟著誰都可以。原有的家族文化逐漸褪色，其原因主要來自生活壓力。越南金門人完全沒有家譜。當他們祖先旅越時是戰亂時代，出走時沒有帶著家譜，到越南以後因為謀生困難，他們也沒有重新建立家譜。此外，跟金門同鄉人有關的所有資料在 1975 年都被他們燒毀了，以免後患。當時的金門人只能透過父母的敘述才瞭解本籍貫在金門島上是哪個村莊、哪個坑等等。例如，人數最多的陳姓都是陳坑人後裔。其餘的是李姓，而蔡姓的來自金門古寧頭、下坑、瓊林、賢厝、湖前塔後、大嶝及金門城等地（閱覽張火木 2005，頁 16）。之前，金門同鄉們還保持著強調血緣關係，並按照家族輩分給孩子取名字。但到目前為止，此俗已深受本地主流文化影響而逐漸消失了。

許多同鄉人表示，他的祖父和曾祖父其實已經常常在越南、金門兩地活動，並且在兩地各有妻小，兩地的子女和孫子各自分別自力更生。胡志明市金門人與台灣金門人互相往來主要從 1978、1979 年以來。從此，一些金門人找機會回鄉探望家族，認識親屬和親戚，並保持聯繫。例如，四十歲的陳世芳先生，他的父親解放前是金門會館主任，先後四次探訪金門。在 2011 年，一組越南金門八個人趁著世界金門日受到邀請而探訪故鄉。在一般情況下，他們與金門原鄉的交流主要是民間的管道，並非官方之間的關係。他們希望有一天越南、台灣兩地專門為他們提出一些良好的政策。

總之，針對越南金門人社會最容易發現的特徵是社群性越來越褪色，其原因來自本地主流文化的影響以及市場經濟的帶動。

3. 越南金門人文化

在宗教領域，最明顯的是從金門島引進來的恩主公—恩夫人信仰。據同鄉人的陳述，中國唐代有一位名叫陳淵的牧馬侯率十二姓部眾到金門牧馬、開拓金門。當時金門名為浯洲嶼，因此陳淵被譽為浯洲恩主，也稱恩主公。跟金門島上牧馬廟一樣，越南孚濟廟中的主神就是恩主公。

圖 64：恩主公與恩夫人（阮玉詩於 2013 年攝）

在孚濟廟祭祀的恩公主和恩主娘是於 1974 年在中華民國政權的幫助下從台灣金門孚濟廟恭請過來的。對越南金門華人來說，恩公主是他們同鄉人們族群意識的精神象徵，是全越南金門人團聚的關鍵形象。無論是重要的生活活動還是婚喪喜慶，同鄉們都前往孚濟廟拜恩主公、恩主娘。

恩主公與恩主娘的祭日就是金門同鄉人團聚的機會。恩主公節日為 2 月 2 日，恩主娘於 8 月 1 日。恩主信仰均與佛教、道教融合。在孚濟廟重視祭祀釋迦牟尼、觀音、關公、本頭公、鄭和與玉皇大帝。1975 年以前，祭神時通常聘請佛教僧侶來誦經。在 1975-1986 年間，由於越南政府反迷信政策，宗教活動比較有限。1971 年，越南金門華人申請立廟遇到困難，同鄉們掛著牌子寫「陳興道相濟會」。解放後改名為「孚濟廟」，加以祭拜釋迦牟尼與其他神明。早期，祭祀時不可缺少的是烤全羊或烤全豬，如今通常是烤豬肉的一部分。之前，同鄉們通常表演閩劇、敬讀祭文，如今不再表演閩劇了。

孚濟廟重視崇拜著一隻老虎，稱作虎師爺，根據潘賢統先生表示，這尊虎師爺跟金門島上的風獅爺不僅有關聯，也有人把兩者等同起來，特別是從他們旅台回來以後。

早年，每逢週末早上，金門同鄉人，尤其是老年人，聚在一起喝咖啡和參加社交活動，彼此認識、交際往來。分享的內容主要是：（1）家鄉的回憶（老人的故事），（2）分享經商的經驗，（3）分享生活經驗、教育兒女福建金門的傳統文化。現在此俗並不存在了，因為同鄉人們陷入了市場經濟的漩渦，子女忙著讀書、創業等等。因此，以恩主公神像為團聚象徵的傳統逐漸縱向消失。

關於婚姻一面，在 1975 年解放之前，金門人仍然保存許多家族文化特徵，比較講究門當戶對的觀念，但迄今此俗不太嚴格了。一般典型的婚禮有三個主要的儀式，包括三大禮：問名、訂婚與迎親。迎親日的風俗也改變了。祭祖後，雙方請客人到附近餐廳喝喜酒。之前金門社群中有一夫多妻的現象，最典型的是李悅蘭先生，他前後娶了兩姐妹為妻。其他一些富有的商人也娶了三妻四妾。結婚之前也很講究，優先選擇的對象首先是同鄉人，然後是福建華人、廣東華人、越南人。

在教育領域上，本社區曾非常重視漢字教育，因此中老年人都知道漢字、講各幫語言（包括北京話、福建話、廣東話）。近日的年輕人一代只會講越南國語以便於完成學業，走向社會。第二代的金門人都能講福建話（一般都有廣東話腔），第三代的人會講的詞並不是很多，主要是親屬稱呼用詞而已。由於沒有資金，金門會館沒有專門為金門同鄉人學生提供的獎學金或獎勵，他們把自己看作福建人，所以主要參加福建華人的勸學活動。然而，金門會館偶爾支持永川華文學校，希望自己的孩子被訓練而會書寫漢字，習慣祖先的語言。金門同鄉人社群教育水準中等，絕大多數是高中和初中畢業。讀大學的很少，大約佔年輕人 20%，幾乎沒有金門子女當研究生。金門人後裔主要選擇經濟、金融、銀行、工程當作學術行業，完全沒有人從事社會科學研究或者當醫生。

在民間文藝、文學活動領域上幾乎沒有任何成就。家裡老人偶爾為子孫講傳說故事、民間故事，特別是中國最普遍的故事例如伏羲女媧、牛郎織女或者講牧馬侯陳淵開拓浯洲等以提醒世世代代記住他們的祖先。關於民間藝術，一部分老年人最愛觀賞閩劇。金門會館一直都很熱情支持閩南鼓樂會。除了閩劇之外，他們還喜愛粵劇、潮劇、崑曲等。老年人都很喜歡鄧麗君，都記得 1971、1973 與 1974 年鄧麗君旅越表演，為他們進行演唱服務。

在同鄉人的回憶裡，金門、澎湖的民間建築很獨特，特別是屋頂是栩栩如生的船型，整座建築像博物館似的。它是建立在一個弧形兩端的弧形屋頂，就像漂浮在大海的船。一到越南，這種建築風格成為一種回憶。他們出奔到越南時條件不好，其次又深受越南市民的影響，所以金門式的建築在越南見不到。孚濟廟始建於 1970 年，在 1990 年重修，完全模仿越南式風格。廟門上雙龍爭珠、四靈等組合幾乎是越南式的。瓷磚與其他裝飾材料都是從當地某一家瓷坊訂購的。廟後牆頂上有一頭獅與一條龍，筆者相信是越、中結合及天空、大地陰陽合一。廟內佈置相當簡單，包括正殿祭祀恩主公、恩夫人、釋迦牟尼及其左右護法。中國傳統屏風被玉皇大帝祭壇所取代。後殿是金門會館的客廳。

4. 結論

越南金門華人，像越南廣東、福建、潮州、海南、客家等華人一樣，帶著越南人的身份，是越南民族不可分開的一個組成部分。因此，他們與台灣金門人的往來關係主要是以血緣與鄉緣為主的經濟、文化交流。在越南，金門華人以及其他少數民族一樣，目前得到國家特別的照顧，享受一些特別的政策，例如學業及工作方面等。

最近二十年來，多虧民族學、民俗學、文化學人士的努力研究，各族群特有的文化傳統得到全面的發現、評價與保護。金門華人的文化也不例外。各民族的多樣文化都很積極地為國家共同文化寶庫做出卓越的貢獻，值得為後人當作珍貴的精神遺產。因此，越南學界很關心華族同胞包括金門人在內的文化，希望他們努力保護其傳統，為百花齊放的家園多增魅力。為了能夠很成功地保護金門文化特色，我們需要一個總體性的計劃來針對金門人社會，包括資料蒐集、人口統計、社群調查、文化分析與評價等社會學、文化學總計劃，從此可以向國家文化遺產管理局提出具有科學性的建議及其證據。在國際文化交流的領域上，保護金門文化也就是維護越南、台灣之間的友誼橋樑。

對於當前金門人社會，最令人關心的是社群性越來越減少，差不多消失了。除了經濟條件之外，社群內部未能做出一些把同鄉人串連在一起的活動。這也是說金門人的精神生活還沒得到充足的重視。本人認為孚濟廟裡祭祀的恩主公、恩夫人就是金門人的認同象徵，應該讓這個象徵發揮起其意思。越南金門人自己或許力不從心，若無學界的幫助，恐怕更難達到其文化傳承目地。

後記"落地生根"：當前越南南部地區華人文化的轉變及其意義

阮玉詩

禮俗是人類精神文化的重要組成部分，蘊含著共同體宇宙觀和人文觀的精髓，在參與者之間建立神聖的門檻和共同的同情心的機制下運作，從而建立溝通的能力，加強關係，以及克服社會障礙的能力。在心理上，禮俗活動的神聖門檻一方面具有心理安慰的價值，為個體創造精神能量，在門檻中“正規化”人們的（新）角色和位置，承認生命的轉變，以及製定全體成員絕對服從和執行責任的精神。社會禮俗將實用知識轉化為“神聖”，賦予它們滲透到人類生活每一個角落的力量。隨著時間的推移，儀式正在成為連接世代（時間軸）和群體（空間軸）的文化管道，形成運行機制，保存社會記憶和文化傳統。禮俗是越南華人社區的一種“民間規則”或者“習慣法”，當前在最接近家庭生活和民族社區生活的兩個方面繼續與國家法律制度並駕齊驅。

作為一個蘊含著深厚精神深度的領域，越南華人的家庭和社區禮俗歷史悠久，雖然經歷了許多風風雨雨，但在越南社區文化中仍然保持著生活中最重要的地位。透過將家庭和社會生活中的知識、組織和行為與禮俗活動的神聖性和神權權威聯繫起來的結構，越南華人將他們社區社會活動的社會效力轉向了。家庭和社區的階級制度、重男輕女的傳統、對神權的崇敬精神、對“正統”價值觀的尊重精神以及在禮俗活動中表達的民族精神將繼續伴隨著這個社區。未來，其中一些價值，譬如重男輕女的傳統，會根據社會動員的方向而改變。一方面，透過家庭道德、禮儀教育和社區交流，越南華人倡導保護和最大限度地發揮習俗符號和傳統體系的核心象徵意義，以確保保護和促進民族認同感和民族文化特色的目標，同時積極（靈活）擴展社會禮俗的一些形式，以促進跨文化交流。禮俗活動的神聖性具有創造共同意識和拉近距離的效果，不需要不同社區的成員以相同的方式感知和解釋儀式的意義、符號或傳說。相反地，它允許不同的個人／社區根據自己的認知和文化背景做出感知和解釋。在一定程度上，湄公河三角洲的華人社區禮俗活動是塑造民族意識的機器，是在瞬息萬變的社會環境和社會趨勢中保護民族文化身份的精神，同時在不同民族之間產生移情和分享文化經驗的溢出效應。儀式的神聖性是創造這兩種效果的關鍵。筆者稱之為“內結外鬆”的方針。這是一個非常有趣和有效的文化機制。它為創造和保護面臨文化融合或同化壓力的社區的文化特徵提供了許多寶貴的經驗教訓。

與許多其他文化方面一樣，湄公河三角洲的華人禮俗體系本身也促進了發展，並具有更好地適應時代的自我篩選機制。這個過程的快慢取決於華人社區知識分子和當地文化管理者的責任感和文化創造力。以湄公河三角洲的華人文化為例，在古代帝王發起並實施的文化正統化的影響下，禮俗標準化機制現已轉變為能夠自然性地“規範化”社區風俗傳統以及以有助於建立和促進這種民族文化朝著文明標準發展。事實上，標準化（orthopraxy；正確行為）和儀式的過程是不均衡的，它取決於各地的科技水準和社區的知識水準，因此多樣性是整個地區華人禮俗文化的一個顯著特徵。本書中涉及到的金甌省督河鎮天后信仰某些習俗就是個例子。不再適當的做法將朝著提高社會意識的方向逐步被淘汰；因此，家庭、社區和學校教育繼續在加速文明進程中發揮作用。

研究湄公河地區華人的社會儀式也有助於強化意識／感知／思想與之相關的實踐活動形式之間存在靈活差距的觀點。社區可以選擇戰略性地持有（並有適當的教育和世代傳承機制）禮俗活動的意義和核心價值體系以及與之相關的意識形態機構，靈活組織儀式活動，以創造性和開放性的方式將這些資訊傳達到現實，創造和促進文化交流和社會大團結。越南社會正在蓬勃發展，人們往往被捲入許多具有不同文化、意識形態甚至政治意識的個人群體中。宣傳和法律制度本身並不如人們所期望的那樣有效。上述對湄公河三角洲華人的研究指出，“內結外鬆”的二元結構可以應用於更廣泛的社會，或許可以極大地促進社會文明導向和民族團結大業。政治、法律和經濟力量並不總是具有影響和塑造社區文化形態的“力量”。任何社區知道如何選擇和維護自己的社會儀式體系，欣賞知識分子的才能和智慧，並知道如何利用這些儀式的影響來創造共用經驗，社區的共用和凝聚力必將成功構建具有身份、進步和人性的社區。

一系列禮俗活動的效果顯示，越南華人已經從“落葉歸根”的觀念逐漸轉變為“落地生根”的觀念。所以，要瞭解越南當下的華人文化，我們就得走進社會！

參考文獻

Amer, Ramses. 1991. The ethnic Chinese in Vietnam and Sino-Vietnamese relations. Kuala Lumpur: Forum.

Bakhtin, M. M. 2004. The dialogic imagination: four essays. Austin: University of Texas Press.

Barrett, Tracy C. 2012. The Chinese diaspora in Southeast Asia – the overseas Chinese in Indo-China.London & New York: I.B. Tauris。

Birch S. 1840. "The Kwan Ti paou heum （關帝保護）". Asiatic Journal 33.

Borri, Christoforo. 1998. Cochinchina in 1621. trans. Hồng Nhuệ, Nguyễn Khắc Xuyên, NXB. Thành phố Hồ Chí Minh.

Brown, Melissa. 2002. "Local government agency: Manipulating Tujia identity". Modern China 28 (3): 362-395.

Brown, Melissa. 2007. "Ethnic identity, cultural variation, and processes of change rethinking the insights of standardization and orthopraxy". Modern China 33(1): 91-124.

Bull, Michael & Mitchell, P. Jon. 2015. "Introduction". Ritual, performance and the senses, ed. Michael Bull & Jon P. Mitchell, pp. 1-10. London: Bloomsburry Academic.

Burkert, Walter. 1979. Structure and history in Greek mythology and ritual. Berkeley & Los Angeles: University of California Press.

Buttinger, Joseph. 1972. A dragon defiant: a short history of Vietnam. New

York – Washington: Praeger Publishers.

Cao Tự Thanh. 1996. Nho giáo ở Gia Định （嘉定城的儒學）. NXB. Thành Phố Hồ Chí Minh.

Caodai pantheon. “Cao Đài Rituals - Worship and Prayer.” https://www.daotam.info/caodai.htm (accessed on August 1, 2018).

Carstens, A. Sharon. 1996. “Form and content in Hakka Malaysian culture”, in Guest people, ed. Nicole Constable, pp.124-148. Seattle: University of Washington Press,.

Chan, Yuk-Wah. 2017. “'Vietnam is my country land, China is my hometown': Chinese communities in transition in the south of Vietnam”. Asian Ethnicity 19(2): 163-179.

Châu Hải. 1992. Các nhóm cộng đồng người Hoa ở Việt Nam （《越南華人的各種方言社群》）. Hà Nội: NXB. Khoa học Xã hội.

Chee, Kiong Tong. 2010. “A love-hate relationship: the Chinese in Vietnam”. Identity and ethnic relations in Southeast Asia: Racialising Chineseness, pp. 175-200, Springer.

Chen Ching Ho. 2008. “Mac Thien Tu and Phrayataksin: a survey on their political stand, conflict and background”. The Chinese diaspora in the Pacific 1500-1900, ed. Anthony Reid. Ashgate, Variorum.

Chen, Ching Ho. 1960/1962. “Mấy điều nhận xét về Minh-hương-xã và các cổ-tích tại Hội-an（關於會安的明香村和歷史遺蹟的一些評論）”. Khảo-cổ tập-san 1: 1–33 & 3: 7-43.

Chen, Ching Ho. 2008. “Mac Thien Tu and Phrayataksin: a survey on their political stand, conflicts and background". The Chinese diaspora in the Pacific 1500-1900, ed. Anthony Reid, pp. 69-110. Ashgate, Variorum.

Chen, Zhenrui （陳振瑞）. 1930. "Wudi kaofaren" (Preliminary Investigation into the Five Emperors).AIinsuz zhoukan (weekly supplement to Minguo Ribao, Fuzhou edition). 3 parts. 12 (1 June); 13 (8 June); 15 (22 June).

Choi, Byung Wook. 2004. Southern Vietnam under the reign of Minh Mạng (1820–1841): Central policies and local response. Ithaca, NY: Southeast Asia Program Publications.

Connie. 2012. 【西貢生活】「越南的金門香火－訪華人區金門會館」. http://powerpuffconnie.blogspot.com/2012/01/blog-post_08.html （閱覽時間：2013 年 2 月 12 日）.

Converse, Phillip E. 1964. "The nature of belief systems in mass publics". Ideology and discontent, ed. David E. Apter. Glencoe, IL : Free Press.

Cooke, Nola & Li, Tana (eds). 2004. Water Frontier: Commerce and the Chinese in the Lower Mekong Region, 1750–1880. Lanham, MD.:Rowman & Littlefield.

Cooke, Nola. 2004. "Water World: Chinese and Vietnamese on the Riverine Water Frontier, from Ca Mau to Tonle Sap (c.1850-1884)". Water Frontier: Commerce and the Chinese in the Lower Mekong Region, 1750– 1880, Nola Cooke and Li Tana (eds.), pp. 139-156 . Lanham, MD.: Rowman & Littlefield.

Cục Thống kê dân số năm （人口統計局） 2008, http://www.gso.gov.sn

Đào Hùng. 1987. Người Trung Hoa lưu lạc （流落的中華人）. Department of Culture & Communication, Quảng Nam – Đà Nẵng.

Đào Trinh Nhất. 1924. Thế lực Khách trú và vấn đề di dân ở Nam Kỳ （《客住人的勢力以及往南部地區移民的問題》）. NXB. Hội Nhà văn.

Đinh Hồng Hải. 2014. Nghiên cứu biểu tượng một số hướng tiếp cận lý thuyết （象徵研究：一些理論方法）. Hà Nội: NXB. Thế Giới.

Downey, Greg. 2015. “The importance of repetition: ritual as a support to mind”, Ritual, performance and the senses, ed. Michael Bull & Jon P. Mitchell, pp. 45-62. London: Bloomsbury Academic

Duara, Prasenjit. 1988a. “Superscribing Symbols: The Myth of Guandi, Chinese God of War”. The Journal of Asian Studies 47(4): 778-95.

Duara, Prasenjit. 1988b. Culture, Power, and the State: Rural North China, 1900-1942. Stanford, California: Stanford University Press.

Dương Hoàng Lộc. 2015. “Tục thờ Quan Âm Nam Hải ở hai cộng đồng ngư dân Sộng Đốc và Trần Đề （在督河鎮和 Trần Đề 的捕魚社區中崇拜南海觀音的習俗）”. Báo Giác Ngộ （覺悟報） 805. Date: 24/7/2015.

Duong, Dung N. 2004. “An exploration of Vietnamese Confucian spirituality: the idea of the unity of the Three Teachings (tam giao dong nguyen). Confucian spirituality, eds. Tu Weiming and Mary Evelyn Tucker, vol., pp. 2289-318. New York: Crossroad Publication Company.

Durkheim, Emile. 1912. The elementary forms of religious life, reprinted 1995. NY: Free Press.

Dutton, George; Werner, Jayne & Whitmore, K. John. 2012. Sources of

Vietnamese Tradition. New York: Colombia University Press.

Elegant, S. Robert. 1959. The dragon's seed: Peking and the overseas Chinese. New York: St. Martin's Press.

Endres, Kirsten. 2001. "Local dynamics of renegotiating ritual space in Northern Vietnam: the case of the "dinh"". Journal of social issues in Southeast Asia 16(1): 70-101.

Endres, Kirsten. 2002. "Beautiful customs, worthy traditions: changing state discourse on the role of Vietnamese culture". Internationales Asienforum 33(3&4): 303-22.

Faure, David. 1999. "The emperor in the village: Representing the state in South China". State and court ritual in China, ed. Joseph P. McDermott pp. 267-98. Cambridge: Cambridge University Press.

Faure, David. 2004. "The Heaven and Earth Society in the Nineteenth Century". Heterodoxy in late Imperial China. University of Hawaii Press.

Feuchtwang, Stephan. 1992. The imperial metaphor: Popular religion in China. New York: Routledge.

Feuchtwang. 1974. "Domestic and communal worship in Taiwan", in Religion and ritual in Chinese society, ed. Arthur P. Wolf. Stanford: Stanford University Press.

FitzGerald, C. P. 1972. "Chapter 2: Chinese expansion by land: Vietnam". The Southern expansion of the Chinese people. London: Barrie & Jenkins, pp. 19-38.

Formosa, Bernard. 2010. De jiao: a religious movement in contemporary China and overseas: purple qi from the East. Singapore: NUS Press.

Freedman, Maurice. 1974 Chinese lineage and society; Fukien and Kwangtung. Londonm Athlone Press; New York, Humanities Press.

Gordon, Ross. 1976. Kuan Yu in Drama: translation and critical discussion of two Yuan plays. Dissertation, University of Texas.

Gramsci, Antonio. 1971. The prison notebook. New York: International.

Guo Qitao. 2003. Exorcism and Money: the symbolic world of the Five-Fury Spirits in late imperial China. Berkeley: Institute of East Asian Studies, University of California.

Hainanese Temple Executive Board. 2006. Quỳnh Phủ hội quán Thành phố Hồ Chí Minh （胡志明市瓊府會館）. Ho Chi Minh City.

Hainanese Temple Executive Board. 2015. Hải Nam Quỳnh Phủ Hội Quán （海南瓊府會館）. Ho Chi Minh City: NXB. Thế Giới.

Ho Tai, Hue-Tam. 1983. Millenarianism and peasant politics in Vietnam. Cambridge, MA.: Harvard University Press.

Hostetler, Laura. 2001. Qing colonial enterprise: ethnography and cartography in early modern China. University of Chicago Press, Chicago.

Hostetler, Laura. 2001. Qing Colonial Enterprise: Ethnography and Cartography in Early Modern China. Chicago: University of Chicago Press.

Hứa Hoành. 1993. "Thiên Địa Hội và cuộc khởi nghĩa của Phan Xích Long Hoàng đế" （天地會與潘赤龍皇帝的起義）. Nam Kỳ Lục tỉnh – ký sự miền Nam 3 （《南圻六省—南部地區的記事第三集》）. California:

NXB. Văn hóa.

Huang Ching-hwang. 1995. Community and politics: The Chinese in colonial Singapore and Malaya. Singapore: Times Academic Press.

Huỳnh Ngọc Đáng. 2011. Người Hoa ở Bình Dương （平陽省的華人）. Hà Nội: NXB. Chính trị Quốc gia.

Huỳnh Ngọc Đáng. 2018. Chính sách của các vương triều Việt Nam đối với người Hoa （越南各王朝對華人的政策）. NXB. Tp. Hồ Chí Minh.

Huỳnh Ngọc Trảng; Nguyễn Đại Phúc. 2013. Đặc khảo về tín ngưỡng thờ gia thần （家神信仰的特考）. Ho Chi Minh City: NXB. Văn hóa – Văn nghệ.

Huỳnh Ngọc Trảng; Trương Ngọc Tường & Hồ Tường. 1993a. Văn hóa dân gian cổ truyền Đình Nam Bộ: tín ngưỡng và nghi lễ （傳統民俗文化：越南南部的公廟，信仰和儀式）. NXB. Tp. Hồ Chí Minh.

Huỳnh Ngọc Trảng; Trương Ngọc Tường & Hồ Tường. 1993b. Văn hóa dân gian cổ truyền: Ông Địa, tín ngưỡng và tranh tượng （傳統民間文化：地神，信仰和形象）. NXB. Tp. Hồ Chí Minh.

Huỳnh Văn Tới. 2018. "Tín ngưỡng ở Biên Hòa xưa （舊邊和的流行宗教）", Báo Đồng Nai （同奈報）. http://baodongnai.com.vn/phongsukysu/201805/tin-nguong-o-bien-hoa-xua-2895206/. Accessed on August 5, 2019.

Inoue, Ichii. 1941. "Kan'u shibyo no yurai narabi ni hensen (Origins and development of Guan Yu temples". Shirin 26(1 & 2).

Jammies, Jeremy & Palmer, A. David. 2018. "Occulting the Dao: Daoist inner alchermy, French spiritism, and Vietnamese colonial modernity in Caodai translingual practice", The Journal of Asian Studies 77(2): 405-28.

Johnson, L. Elisabeth. 1996. "Hakka villagers in a Hong Kong City: The original people of Tsuen Wan". Guest people, ed. Nicole Constable, pp. 90-97. Seattle: University of Washington Press.

Jordan, K. David. 1972. Gods, ghosts and ancestors: The folk religion of a Taiwanese village. Berkeley: University of California Press.

Joseph, Edkins. 1857. "Account of Kwan-ti, the God of War North-China Herald". Miscellany.

Joseph, Edkins. 1867. "Worship of Kwan-ti among the Lamas". Notes and Queries on China and Japan 1(4).

Katz, R. Paul. 1995. Demon hordes and burning boats: the cult of Marshal Wen in late imperial Chekiang. Albany: State University of New York Press.

Katz, R. Paul. 2007. "Orthopraxy and heteropraxy beyond the state: Standardizing ritual in Chinese society". Modern China 33 (1): 72-90.

Keown, Damien 2003, A dictionary of Buddhism, Oxford: Oxford University Press.

Kiernan, B. 2017. Vietnam – a history from earliest times to the present. Oxford: Oxford University Press.

Komuro, Hiromitsu. 1987. Kindai Bukkyo shi kenkyu《近代佛教史研究》. Kyoto: Dohosha Shuppan.

Layton, Robert. 2007. An Introduction to the theory anthropology. Ho Chi

Minh City: VNU-HCM Publihsing House.

Lê Hồng Lý. 2008. Sự tác động của kinh tế thị trường vào lễ hội tín ngưỡng （市場經濟對宗教節日的影響）. Hà Nội: NXB. Văn hóa thông tin.

Lê Văn Sao. 2015. Tín ngưỡng quan thánh đế quân trong cộng đồng người Hoa tỉnh Trà Vinh （茶榮省華人社區的關帝信仰）. MA Thesis in Cultural Studies. Trà Vinh University.

Lê, Anh Dũng. 1995. Quan Thánh xưa và nay （過去與現在的關聖）. Hà Nội: NXB. Văn hóa Thông tin.

Lee Khoon Choy. 2013. "The Minh Hương of Vietnam". Golden Dragon and purple pheonix – the Chinese and their multi-ethnic descendants in Southeast Asia, pp. 327-368. Singapore: World Scientific.

Lehnert, Martin. 2006. "Myth an secrecy in Tang-period Tantric Buddhism". The culture of secrecy in Japanese religion, ed. Bernard Scheid and Mark Teewen, pp. 78-104. Oxon: Routledge.

Li Tana. 1998. Nguyễn Cochinchina: southern Vietnam in the seventeenth and eighteenth centuries. Ithaca, N.Y.: Southeast Asia Program Publications / (Studies on Southeast Asia no. 23).

Liu Tiksang. 2000. The cult of Tian Hou in Hong Kong. Joint Publishing Hong Kong.

Long, Collin 2003, "Feudalism in the service of the revolution: reclaiming heritage in Hue", Critical Asian Studies XXXV(1): 535-58.

Lương Văn Hy & Trương Huyền Chi. 2012. "Thương thảo để tái lập và sáng tạo "truyền thống": Tiến trình tái cấu trúc lễ hội cộng đồng tại một làng

Bắc bộ （關於“傳統”的重建與發明的談判：一個越南北部地區村莊儀式的重組）”. Những thành tựu nghiên cứu bước đầu của Khoa Nhân học（人類學系的主要研究成果）, ed. the Department of Anthropology of VNU-HCM, pp. 235-279. Ho Chi Minh City: NXB. Đại học Quốc gia.

Lương Văn Hy. 1994. “Cải cách kinh tế và tăng cường lễ nghi tại hai làng ở miền Bắc Việt Nam, 1980-1990 （1980-1990 年越南北部兩個村莊的經濟改革和儀式集約化）”. Những thách thức trên con đường cải cách Đông Dương （印度支那改革道路上的挑戰）, ed. Borje Ljunggren, pp. 437-81. Hà Nội: NXB. Chính trị Quốc gia.

Luong Van Hy. 1994. “The Marxist state and the dialogic restructuration of culture in rural Vietnam”. Indochina: cultural and social change, ed. David Elliot, HV Luong, B. Kiernan & T. Mahoney, pp. 79-113. Claremont: Claremont- McKenna College.

Luong Van Hy. 2007. “The restructuring of Vietnamese nationalism, 1954-2006”. Pacific Affairs 80(3): 439-53.

Lý Văn Hùng. 1972. Văn hiến Việt Nam - tập hạ （越南文獻—下卷）. Sài Gòn: Thiên-Nam Hán-Viện.

Mann, Michael. 1970. “The social cohesion of liberal democracy（自由民主的社會凝聚力）”. American Sociological Review 35: 423-439.

Masami, Harada. 1955. “Kan'u shinko no nisan no yoso ni tsuite （關於關羽信仰的一些要素）”. Toho shuiky 8(9).

Ngô Đức Thịnh. 2007. Về tín ngưỡng lễ hội cổ truyền （關於信仰與傳統節日）. Hà Nội: Viện Văn hóa & NXB. Văn hóa Thông tin.

Nguyễn Chí Trung. 2010. Cư dân Faifo – Hội An trong lịch sử （會安歷史上的居民）. Hà Nội: NXB. Đại học Quốc gia.

Nguyen Ngoc Huy. 1998. "The Confucian incursion into Vietnam", Confucianism and the family, ed. Walter H. Slote & George A. De Vos, pp. 91-103. New York: State University of New York Press.

Nguyễn Ngọc Nguyên. 2004. Tìm hiểu hình tượng Quan Công trong văn hóa Trung Hoa （中國文化中的關公形象研究）. Khóa luận tốt nghiệp Trường ĐHKHXH&NV, ĐHQG-Hồ Chí Minh.

Nguyễn Ngọc Thơ, Nguyễn Thị Nguyệt. 2018. "Xác bướm hồn sâu" – chuyển đổi hình thức tín ngưỡng ở cộng đồng người Hẹ ở Đồng Nai" （"內祖外聖" – 越南同奈省客家人的信仰轉型研究）. Tạp chí Văn hóa dân gian 《民間文化》1(175): 16-28.

Nguyễn Ngọc Thơ. 2015. "Đặc trưng tín ngưỡng thờ Thiên Hậu Đồng bằng sông Cửu Long （湄公河地區天后信仰的文化特點）". Tạp chí Phát triển Khoa học và Công nghệ 《科學與工藝發展》期刊 X2.

Nguyễn Ngọc Thơ. 2017. Tín ngưỡng Thiên Hậu vùng Tây Nam Bộ （越南湄公河三角洲地區天后信仰）.Hà Nội: NXB. Chính trị Quốc gia.

Nguyễn Ngọc Thơ. 2018. "Hiện tương phối hợp nghi lễ Thiên Hậu với phong tục gia đình trước và trong tết Nguyên đán ở Cà Mau" （金甌市春節前後華人天后送、迎神大典禮與當地家庭儀式的融合）. Văn hóa Dân gian （民間文化期刊） 178(4): 14-26.

Nguyễn Ngọc Thơ. 2018. Người Hoa, người Minh Hương với văn hóa Hội An （華人、明香人與會安文化）. Ho Chi Minh City: NXB. Văn hóa – Văn nghệ.

Nguyen Ngoc Tho. 2019. "Hakka identity and religious transformation in Southern Vietnam", Asian Education and Development Studies. Special Issue on Ethnicity, Ritual and Festivals in Asia co-edited by Siu Woo Cheung and Oscar Salemink. Emerald Publishing Limited, pp. 56-66

Nguyễn Thái Hòa. 2016. "Lược khảo về nguồn gốc tín ngưỡng thờ Quan Công（關公信仰起源的考略）". Tạp chí Nghiên cứu Trung Quốc （中國研究期刊） 175(3): 41-50.

Nguyễn Thanh Phong. 2014. "Thờ cúng Quan Công trong các tôn giáo nội sinh ở Nam Bộ （越南南部內生宗教中的關帝崇拜）". Tạp chí Nghiên cứu tôn giáo （宗教研究期刊） 11 (2014): 120-34.

Nguyễn Thế Anh. 2002. "Hoa kiều và sự định dân tại vùng đồng bằng sông Cửu Long（華人與湄公河三角洲的人民定居事宜）". Nghiên cứu Huế IV《順化研究》4: 104-116.

Nguyễn Thị Lệ Hằng. 2014. "Yếu tố tích hợp trong tín ngưỡng thờ Mẫu của người Việt tại Miễu Hoả Đức Tinh Quân ở Vĩnh Kim, Châu Thành, Tiền Giang（前江省州城縣永金鎮火德星君廟的女性神崇拜之混合型）". Tín ngưỡng thờ Mẫu ở Nam Bộ - bản sắc và giá trị 《南部地區的母神崇拜：特色與價值》. NXB Đại học Quốc gia Tp. Hồ Chí Minh, pp. 568~581.

Nguyễn Thị Nguyệt. 2015. Tín ngưỡng dân gian người Hoa ở Đồng Nai （《同奈省華人的民間信仰》）. Luận văn Thạc sỹ Văn hóa dân gian （民間文化博士論文）. Hà Nội: Viện Hàn lâm KHXH.

Nguyễn Thị Thúy. 2014. Sưu tầm – phiên âm – dịch nghĩa câu đối, hoành phi chùa La Hán tại Sóc Trăng （蓄臻市羅漢廟對聯、匾額收集、拼音與

漢—越翻譯）. Khóa luận tốt nghiệp ngành Sư phạm Ngữ văn Trường Đại học Cần Thơ （芹苴大學語文師範專業學士學位論文）.

Nguyễn Tử Quảng. 2011. Tam Quốc bình giảng （三國評講）. Hanoi: NXB. Văn học.

Nguyễn Văn Điều. 2013. "Tín ngưỡng thờ Quan Công – một nét văn hóa tâm linh đặc sắc của người Hoa ở Cần Thơ （關公信仰-越南芹苴市華人精神文化的特色）". Nghiên cứu Tôn giáo （宗教研究期刊） 4: 48-53.

Nguyễn Văn Hầu. 1972. Thoại Ngọc Hầu và những công cuộc khai phá miền đất Hậu Giang（瑞玉侯與他對後江地區開放的貢獻). Saigon: Hương Sen.

Nguyên Vũ. 2018. "Lễ hội Nghinh Ông Quan thánh Phan Thiết 2018 - （2018年藩切市關聖繞境節日）". Du lịch Bình Thuận （平順省的旅遊）. http://dulichbinhthuan.com.vn/article/view/le-hoi-nghinh-ong-quan-thanh-phan-thiet-2018-22072018-1859.html. Accessed on May 10, 2020.

Nguyễn, Ngọc Thơ. 2017b. "Biến đổi và tăng quyền trong tín ngưỡng Quan Công ở Nam Bộ （越南南部關帝信仰的轉型與賦權）". Tạp chí Khoa học Đại học Trà Vinh （茶榮大學科學期刊） 27: 56-69.

Oxfeld, Ellen, 1996. "Still "Guest People": The Reproduction of Hakka Identity in Calcutta, India". Guest people, ed. Nicole Constable, pp. 149-175. Seattle: University of Washington Press.

Pham Quynh Phuong. 2009. Hero and deity – Tran Hung Dao and the resurgence of popular religion in Vietnam. Bangkok: Mekong Press.

Phạm Văn Tú. 2011. Tín ngưỡng thờ Bà Thiên Hậu ở Cà Mau （金甌省的天

后信仰）. Hà Nội: NXB. Khoa học Xã hội.

Phan An. 2002. "Tục thờ cúng Bà Thiên Hậu của người Hoa ở thành phố Hồ Chí Minh （胡志明市天后崇拜風俗）". Tạp chí Nghiên cứu Tôn giáo （宗教研究期刊）3: 54-57.

Phan Thị Hoa Lý. 2014. Tín ngưỡng Thiên Hậu ở Việt Nam （越南天后信仰）. Luận văn tiến sỹ Văn hóa dân gian （民間文化博士論文）. Viện Hàn lâm Khoa học Xã hội Việt Nam （越南社會科學翰林院）. Xuất bản 2018. Hà Nội: NXB. Hội Nhà văn.

Phan Thị Yến Tuyết. 2014. "Tín ngưỡng thờ mẫu và nữ thần từ chiều kích văn hóa biển của vùng biển đảo Kiên Hải - Kiên Giang （堅江省堅海縣諸島的母神崇拜一記本地區的海洋文化）". Tuyển tập Việt Nam học （越南學論文集）. NXB. ĐH Quốc gia Tp. Hồ Chí Minh.

Pomeranz, Kenneth. 2007. "Orthopraxy, orthodoxy, and the goddess(es) of Taishan". Modern China 33 (1): 22-46.

Prunner, G. & Kwansonggyo. 1988, "A 20th century revival of ancient cult of the Chinese God of War". Mitteilungen aus dem Museum fur Volkerkunde. Hamburg.

Radcillfe-Brown, A.R. 1952. "On joking relationships". Structure and Functionnin primitive society, pp. 90-104. NY: Free Press.

Radcliffe-Brown, A.R. 1965. Structure and function in primitive society （原始社會的結構和功能）. London: Colier Macmillan Publishers.

Rambelli, Fabio. 2006. "Secrecy in Japanese esoteric Buddhism". The culture of secrecy in Japanese religion, ed. Bernard Scheid and Mark Teewen, pp. 107-129. Oxon: Routledge.

Rambo, A. Terry & Jamieson, L. Neil. 2003. "Upland areas, ethnic minorities, and development". Postwar Vietnam: dynamics of a transforming society, ed. Hy V. Luong, pp. 139-70. Singapore: Institute of Southeast Asian studies.

Rawski, S. Evelyn. 1985. "Economic and social foundations of the late imperial culture（晚期帝國文化的經濟和社會基礎)". Popular culture in late imperial China（中國帝制晚期的大眾文化), ed. David Johnson, Andrew J. Nathan, and Evelyn S. Rawski. Berkeley: University of California Press.

Richey, L. Jeffrey. 2013. Confucius in East Asia: Confucianism's history in China, Korea, Japan and Việt Nam. Key Issues in Asian Studies, No. 13. Ann Arbor: the Association for Asian Studies, Inc.

Riichiro, Fujiwara. 1974. "Chính sách đối với dân Trung Hoa di cư của các triều đại Việt Nam （越南封建歷朝對華人移民的政策）". Khảo cổ tập san《越南考古集刊》8. Sài Gòn: Viện Khảo cổ, Bộ Văn hóa Giáo dục và Thanh niên, pp. 140-175.

Sangren, Steven. 1989. "Orthodoxy, heterodoxy, and the structure of value in Chinese ritual". Modern China 13 (1): 63-89.

Sapir, Edward. 1934. "The emergence of the concept of personality in a study of culture", Culture, Language and personality, ed. Edward Sapir. Berkeley: University of California Press.

Sapir, Edward. 1934. "The emergence of the concept of personality in a study of culture （文化研究中人格概念的出現）". Culture, Language and personality （文化、語言和個性）, ed. Edward Sapir. Berkeley: University of California Press.

Seligman, Adam B. & Weller, P. Robert. 2012. Rethinking pluralism – ritual, experience, and ambiguity. Oxford University Press.

Serizawa, Satohiro （芹澤知廣）. 2009. "Japanese estoric Buddhism in overseas Chinese societies: findings from the fieldwork on a Buddhist laymen's organization of Vietnamese-Chinese from Swatow (Shantou, Chaozhou)". Bulletin of Research Institute of Nara University, No. 17.

Serizawa, Satohiro （芹澤知廣）. 2015. "Japanese Buddhism and Chinese sub-ethnic culture: instances of a Chinese Buddhist organization from Shantou to Vietnam". After migration and religious affiliation, ed. Tan Chee-Beng, pp. 311-327. World Scientific.

Shahar, Meier & Weller, P. Robert. 1996. Unruly gods. Honolulu: University of Hawaii Press.

Sơn Nam. 1993. Đồng bằng sông Cửu Long: nét sinh hoạt xưa （湄公河三角洲的舊日生活）. NXB. Thành phố Hồ Chí Minh.

Son Sook Kyung. 2015. The Change of Worship for Guandi and its religious community in Dongrae County during the late Empire of Korea and Colonial Korea (한말 식민지기 동래 지역 관왕 숭배의 변화와 主 宰 집단). National Research Foundation of Korea.

Sutton, S. Donald. 2007. "Introduction to the special issue: Ritual, cultural standardization, and orthopraxy in China: Reconsidering James L. Watson's ideas". Modern China 33 (1): 3-21.

Szonyi, Michael. 1997. "The illusion of standardizing the gods: the cult of the Five Emperors in late imperial China". Journal of Asian Studies 56(1): 113-35.

Szonyi, Michael. 2000. "local cult, Lijia, and lineage: Religious and Social Organization in the Fuzhou Region in the Ming and Qing". Journal of Chinese Religions 28.

Szonyi, Michael. 2002. Practicing kinship: Lineage and descent in late imperial China. Stanford, CA: Stanford University Press.

Szonyi, Michael. 2007. "Making claims about standardization and orthodoxy in late imperial China – rituals and cults in the Fuzhou Region in light of Watson's theories". Modern China 33(1): 47-71.

Tan Chee-Beng. 1985. The development and distribution of Dejiao associations in Malaysia and Singapore. Singapore: Institute of Southeast Asian Studies.

Tan Chee-Beng. 2015. "Introduction". After migration and religious affiliation, ed. Tan Chee-Beng, pp. xvii-xxxi. Singapore: World Scientific.

Taylor, Philip. 2004. Goddess on the rise: pilgrimage and popular religion in Vietnam. Honolulu: University of Hawaii Press.

Taylor, W. Keith. 1976. "The Rise of Đại Việt and the Establishment of Thăng-long". Explorations in the early Southeast Asian history: the origins of Southeast Asian statecraft, ed. By Kenneth R. Hall and John K. Whitmore, pp. 149-81. Michigan Papers on South and Southeast Asia, Ann Arbor: University of Michigan.

Taylor, W. Keith. 1983. The Birth of Vietnam. Berkeley & Los Angeles: University of California Press.

ter Haar, J. Barend. 2017. Guan Yu: the religious afterlife of a failed hero. Oxford: Oxford University Press.

Thích Phước Hạnh. 2012. "Chùa Minh Nguyệt cư sĩ lâm（明月居士林寺廟）". Danh mục các tự viện Phật giáo tỉnh Cà Mau （金甌省的佛教寺院名單）. Ban Văn hóa Tỉnh Hội Phật giáo tỉnh Cà Mau （金甌省文化廳與省佛教協會）, p. 9 .

Trần Hồng Liên. 2005. Văn hóa người Hoa ở Nam Bộ （南部地區的華人文化）. Hà Nội: NXB. Khoa học Xã hội.

Tran Khanh. 1997. "Ethnic Chinese in Vietnam and their identity". Ethnic Chinese as Southeast Asians, ed. Leo Suryadinata. Singapore: Institute of Southeast Asian Studies.

Trần Ngọc Thêm. 2001. Tìm về bản sắc văn hóa Việt Nam （探索越南文化本色）. Ho Chi Minh City Publisher.

Trần Thị Bích Thủy. 2016. Tục thờ 108 vị Chiêu Ứng Anh Liệt của cộng đồng người Hoa Hải Nam ở Nam Bộ Việt Nam （南越南部海南華人 108 位昭應英烈的崇拜）. Luận văn thạc sỹ Văn hóa học （文化學畢業論文）, USSH, VNU-HCM, Ho Chi Minh City.

Trịnh Xuân Tuyết. 2015. Tín ngưỡng Thiên Hậu ở Cà Mau （金甌省的天后信仰）. Luận văn Thạc sỹ Văn hóa học （文化學畢業論文）, Trường ĐHKHXH&NV, ĐHQG-Hồ Chí Minh.

Trịnh, Hoài Đức ca. 1818. Gia Định thành thông chí （嘉定城通志）, 重印

1998. Hanoi: NXB. Giáo dục.

Tsai, Maw-kuey. 1968. Les Chinois au Sud-Vietnam （越南南部華人研究）. Paris: Bibliothèque Nationale.

Tu, Weiming (ed.) 1994. The Living tree: The changing meaning of being Chinese today. Stanford, CA: Stanford University Press.

van Lieu, J. 2014. "A Farce that Wounds Both High and Low: the Guan Yu Cult in Chosŏn-Ming Relations". Journal of Korean Religions 5(2): 39-70.

von Glahn, Richard. 2004. The sinister way: The divine and the demonic in Chinese religious culture. Berkeley: University of California Press.

Wang Mingke. 1999. "From the Qiang barbarians to Qiang nationality: the making of a new Chinese boundary". Imagining China: Regional Division and National Unity, ed. Shu-min Huang and Cheng-kuang Hsu, pp. 43-80. Taipei: Institute of Ethnology.

Watson, James. 2004. "Killing the ancestors: power and piety in the Cantonese ancestor cult". Village life in Hong Kong: politics, gender, and ritual in the New Territories, ed. James L. Watson, Rubie S. Watson. Hong Kong: The Chinese University Press.

Watson, L. James. 1985. "Standardizing the gods: The promotion of Tien'hou ("Empress of Heaven") along the South China coast, 960–1960". Popular culture in late imperial China, ed. Johnson, Andrew J. Nathan and Evelyn S. Rawski, pp. 292-324. Berkeley: University of California Press.

Wei Jinyuan. 2016. Hình tượng Quan Công trong văn hóa Việt Nam và Trung Hoa （越南與中國文化中的關公形象）. Luận văn Thạc sỹ Việt Nam học （越南學畢業論文）. Ho Chi Minh City: USSH, VNU.

Weller, P. Robert. 1987. Unities and Diversities in Chinese Religion. London: Macmillan/ Seattle: University of Washington Press.

Weller, P. Robert. 1994. Resistance, chaos and control in China. Seattle: University of Washington Press.

Wheeler, Charles 2012, "Identity and Function in Sino-Vietnamese Piracy: Where are the Minh Hương?", Journal of Early Modern History 16(6): 503 – 521.

Wheeler, Charles. 2015. "Interests, institutions, and identity: Strategic adaptation and the ethno-evolution of Minh Huong (Central Vietnam), 16th –19th centuries". Itinerario 39 (1): 141-166.

Wolf, Arthur. 1974. Religion and ritual in Chinese society. Stanford, CA: Stanford University Press.

Wolf, P. Arthur. 1974. "Gods, ghosts and ancestors". Religion and ritual in Chinese society, ed. Arthur P. Wolf. Stanford: Stanford University Press.

Woodside, Alexander.2002. "Classical promordialism and the historial agendas of Vietnamese Confucianism". Rethinking Confucianism: past and present in China, Japan, Korea, and Vietnam, ed. By Benjamin A. Elman, John B. Duncan, & Herman Ooms, pp. 116-143. Los Angeles: UCLA Asian Pacific Monograph Series.

Yang, C. K. 1967. Religion in Chinese Society. Berkeley & Los Angeles:

University of California Press.

Yang, C.K. 1961. Religion in Chinese society: A study of contemporary social functions of religion and some of their historical factors. Berkeley: University of California Press.

Yoshihara, Kazuo. 1987. "Dejiao: a study of an urban Chinese religion in Thailand". Contributions to Southeast Asian Ethnography 6: 61-79.

王卡&汪桂平。2002。〈從《關聖大帝返性圖》看關帝信仰與道教之關係〉，收入盧曉衡編《關羽、關公和關聖》，頁 88-96。北京：社會科學文獻出版社。

石滄金。2014。〈馬來西亞海南籍華人的民間信仰考察〉，《世界宗教研究》，第 2 期，頁 92-101。

加拿大中華佛學會明月居士林。2007。《多倫多明月三十春》。加拿大中華佛教學會出版。

朱浤源。2002。〈關公在政治思想上的地位〉，收入盧曉衡編《關羽、關公和關聖》，頁 188-225。北京：社會科學文獻出版社。

向大有。2016。《越南封建時期華僑華人研究》。中國社會科學出版社。

衣 遠。2014。〈越南華文教育發展現狀與思考〉，《東南亞縱橫》，第 4 期，頁 50-54。

阮玉詩、阮氏麗姮。2018。〈越南金甌市潮州人天后信仰儀式之轉變與在地化〉，《華人文化研究》6(1): 33-44。

阮玉詩、黃黃波。2020。〈越南南部華人文化傳播與變遷：明月居士林〉，《海洋史研究》 20。

杉本良知（Sugimoto, Ryochi）。1943。《華南巡錫》。 東京：護國寺。

李景漢。1933。《定縣社會概況調查》。北京：中華平民教育租金會。

李慶新。2018。〈海南兄弟公信仰及其在東南亞傳播〉。https://www.sohu.com/a/251934588_556522,下載於 2020 年 9 月 27 日。

肖平。2003。《近代中國佛教的複興：與日本佛教交接的交往錄》。廣東人民出版社。

吳彰裕。2002。〈關公信仰研究〉，《關羽、關公和關聖》。收入盧曉衡編， 頁 97-121。北京：社會科學文獻出版社。

林美容。2003。《媽祖信仰與漢人社會》。黑龍江人民出版社出版。

林美容。2006。《媽祖信仰與台灣社會》。博揚文化實業有限公司。

林祖良編選。1989。《媽祖》。福州 ： 福建教育出版社。

於向東。2004。〈越南華人政治、文化和宗教活動現狀評價〉，《八桂僑刊》第 4 期，頁 34-36。

翁碧蓮。2010。〈搶救越南金門會館旅台鄉親動起來〉，《金門日報》，http://www.kinmen.gov.tw/Layout/sub_F/AllInOne_Show.aspx?path=9582&guid=ac8a04e2-e3e1-4561-a810-6e463806d70b&lang=zh-tw（閱覽時間： 2013 年 2 月 12 日）

陳荊和。1965。〈關於明鄉的幾個問題〉，《新亞生活雙週刊》，八卷十二期，頁 1-4。

陳益源。2013。〈越南的關公信仰〉。收入蕭登福，林翠鳳主編《關公信仰與現代社會研究論文集》。宇河出版社，頁 490-528。

陳景熙。2004。〈潮汕北斗九黃菩薩崇拜研究〉, 《潮學研究》第 11 期，頁 271-96。

陳景熙。2019。《越南明月居士林起源考》。未出版的手稿。

陳福海。2011。〈援助越南金門會館的這些人、那些事〉。http://webhost5.ly.gov.tw/11096/jinmenheart/jinmenheart-38.html（閱覽時間： 2013 年 2 月 12 日）。

陳壽。1973。《三國志》。北京：中華書局。

孫宏年。2014。《清朝中越關係研究 1644-1858》。哈爾濱：黑龍江人民出版社。

梁志俊。1993。《人。神。聖關公》。太原：山西出版社。

張文和。1956。《越南高棉寮國華僑經濟》。海外出版社印行。

張火木。2005。〈東南亞海外僑社對僑民教育發展之貢獻---以金門縣僑社為例（1912-2004 年）〉。收入夏誠華主編《僑民教育研究論文集》。新竹市：玄奘大學海外華人研究中心。

張珣。2010。《媽祖。信仰的追尋》。臺北：博揚文化。

越南阮朝國史館。2017。Đại Nam Thực Lục tập 7（大南實錄，第七卷）。Cao Huy Giu, Nguyễn Trọng Hân 翻譯及編輯。河內：教育出版社。

黃英傑。1992。《民國密宗年鑑》。全佛文化出版社。

黃華節。1968。《關公的人格和神格》。臺北：台灣商務印書館。

趙波。2000。《關公文化概說》。太原：山西出版社。

蔡廷蘭。1959。《海南雜著》。臺北銀行印行。

蔣為文。2013。〈越南的明鄉人與華人移民的族群認同與本土化差異〉。《台灣國際研究》期刊 9(4)，頁 63-90。

廖迪生。2000。《香港天后崇拜》。三聯書店（香港）有限公司。

鄭土有。1994。《關公信仰》。北京：學苑出版社。

黎道綱。2003。〈泰國潮人宗教信仰探究〉收入李志賢主編《海外朝人德移民經驗》。新加坡潮州人八邑會館、八方文化企業公司，頁 225-39。

劉志偉。1997。《在國家與神會之間—明清廣東裡甲服役制度研究》。廣州：中山大學。

劉濟昆。1996。《義聖關公》。臺北：海風出版社。

蕭為&樂聞。2002。〈關羽目錄〉，收入盧曉衡編《關羽、關公和關聖》，頁 253-306。北京：社會科學文獻出版社。

蘇清華、劉崇漢。2007。《馬來西亞：天后宮大觀》（第一集）。雷龍海南天后宮與媽祖文化研究中心出版。

蘇清華、劉崇漢。2008。《馬來西亞：天后宮大觀》（第二集）。雷龍海南天后宮與媽祖文化研究中心出版。

蘇慶華。2003。〈新馬潮人的宋大峰崇奉與善堂：以南洋崇奉善堂為例〉，收入李志賢主編《海外朝人德移民經驗》。新加坡潮州人八邑會館、八方文化企業公司，頁 201- 12。

嚴鈺景。2018。〈南海兄弟廟寄魂五百年〉。http://m.xinhuanet.com/hq/2018-11/28/c_1123780763，下載於 2020 年 9 月 20 日。

Index 索引

三劃

四劃

五劃

六劃

七劃

八劃

九劃

十劃

十一劃

十二劃

十三劃

十四劃

十五劃

十七劃

十八劃

十九劃

二十劃

二十二劃